你的所有**烦恼，**哲学家早有**答案**

[日]小林昌平/著　　　王星星/译

ZHEJIANG UNIVERSITY PRESS
浙江大学出版社

序言

这块黏土板诞生于苏格拉底、释迦牟尼往前约1200年，即公元前1750年前后的古巴比伦时代，诞生地位于人类文明的发祥地之一美索不达米亚，现藏于大英博物馆。

上面写的究竟是什么？会不会是远古时期的人们思索出来的关于神与宇宙的真理，或者具有考古价值的古人智慧？

发现了这块黏土板的历史学家，或许也期望过上面书写的是诸如此类的高深内容。然而，逐一破解了这些楔形文字之后，最终得出的却是这样的内容：

> "店家说好给我质量好的铜棒，我才付了钱，结果却硬塞给我个下等货。"
>
> "要买东西就恭恭敬敬，不想买就赶我走？"
>
> "混账店家，竟敢戏弄我？"
>
> "你对别的客人也这么轻视吗？"

3800年前的人类留给我们的遗产，竟是一位客人在遭遇无良商家后，无处宣泄的怒气。

在与美索不达米亚齐名的另一处人类文明发祥地——古埃及，人们发现了现代纸张的原型"纸莎草纸"。纸莎草纸上的文字书写于3200年前，如今同样收藏在大英博物馆。从纸莎草纸上，我们可以追溯一位曾经生活在图坦卡蒙陵墓所在地——当时的都城底比斯（现在的卢克索）郊区——历史上真实存在过的平民肯赫克普谢夫自少年时代起的生活。

根据纸莎草纸上的记载，肯赫克普谢夫幼时起便受父亲教导："不好好学习，长大就会变成'废柴'。"因此他立志成为那个时代的精英——书记官。进入青春期后，他与一名少女相恋，为少女写了17首情诗。后来，肯赫克普谢夫正式成为书记官，在一个叫作"帝王谷"的地方监督"造墓人"工作。

肯赫克普谢夫的工作是管理下属以顺利修建好国王陵墓。在一份记录下属上工情况的"出勤簿"上，下属们的缺勤原因显得很是随意：

> "过生日，请假两天。"
>
> "被蝎子蜇了，请假。"
>
> "要做木乃伊，请假。"
>
> "宿醉，请假。"

他的上级似乎也好不到哪里去，是个挑剔刻薄的人。纸莎草纸上记载了他与上级的相处之道：

> "绝对不能违逆上级的命令。只要还是下属，就必须完全遵从上级的意见。"
>
> "上级的话有时候也挺对的。"

字里行间透露出身为下属，只能如此告诫自己的苦涩心情。

下属偷奸耍滑，上级挑剔刻薄。肯赫克普谢夫夹在两者中间，倍感压力，陷入了失眠的烦恼。他甚至把无法入睡时使用的咒语"噩梦退散！"写在纸莎草纸上，放进了自己的护身符里。

即便在工作中因上级与下属而煞是苦恼，肯赫克普谢夫也依然该谈恋爱谈恋爱，该吃美食吃美食。他就这样度过了整整43年的书记官生活，在65岁至70岁间离开了人世。

由此看来，生活在公元前的古人，也与我们这些现代人怀着同样的期望，有着同样的烦恼。时代在变，人类的烦恼没变。

在3000多年前，人类就有了与现在同样的烦恼。漫长的时光中，众多智者都在思考着如何战胜这些烦恼。

那些努力与烦恼缠斗、苦苦挣扎求解的人，就出现在肯赫克普谢夫所在的时代往后约600年。他们以思考为生，被世人称作哲学家、思想家。

相传公元前6世纪前后，释迦牟尼面对生老病死的世界感到烦恼，于是抛弃尊贵的王子身份、优渥的家庭环境，出家为僧，最终在菩提树下开悟。

看到一名女弟子因幼子死亡陷入半癫狂状态，释迦牟尼鼓励她说："我们不能把人生寄托在心爱的家人身上。我们能够依靠的只有法（世俗的本质）与自己。"

公元前399年，古希腊哲学家苏格拉底突然被判死刑，其弟子柏拉图受到巨大打击，深入思考苏格拉底临死前留下的遗言——"想获取真正的幸福，就要割舍肉体，变成灵魂本体，追寻真相"，也即"哲学就是练习死亡"这句话，从而形成了自己的哲学思想。

从哲学家穷尽一生思索出来的结论中，我们或许能够获得有助于解决日常烦恼的启示。怀着对哲学的兴趣追寻哲学家的思索历程，也能够扩展我们平时的思维框架。

这就是本书尝试要做的事情。

本书的目录里罗列了现代人常见的25种烦恼。恐怕没人能够断言自己完全没有产生过其中任何一种烦恼。

即便你很幸运，从来不曾有过任何烦恼，在今后的人生中也必定会有烦恼。年少有年少的烦恼，走上社会了更会生出众多烦恼，等到最终老去，身患疾病，我们又会迎来更大的痛苦。

无论身处人生当中的哪个阶段，我们都无法远离烦恼。

既然如此，那么追寻哲学家的思索轨迹，寻求可以解决这些烦恼的智慧，就不是一件毫无意义的事情。

当你直面今后将会遇到的烦恼、意图跨越烦恼的时候，你在这本书上学到的哲学思想一定会给你启示。

如果本书能够通过描写我们日常生活中遇到的烦恼，引领大家喜欢上哲学——支撑人类整体生命的深远的思索世界，我将感到无上喜悦。

Contents

目 录

Contents

目录

工

作

没能辞职的那段时间，我完全丧失了真正的自我（对这一点，我有着最深的体会）。

——弗兰茨·卡夫卡（小说家）

未来，我能否养活自己

亚里士多德早已给出答案

亚里士多德　　公元前384—前322

　　古希腊时期的代表性哲学家。他从对事物的具体观察出发，构建了现实主义的哲学思想，与老师柏拉图倡导的理想主义形成对立。因在诸多领域内创下成就，被后世尊为"万学之祖"。在伊本·西拿[1]等伊斯兰教派中人的研究成果逆向输入中世纪的欧洲、笛卡尔崭露头角之前，亚里士多德始终被奉为绝对的知识权威。

[1] 伊本·西拿（980—1037），医学家兼哲学家，伊斯兰文化的知识分子代表。（转下页）

现在的这份工作，我还要继续一成不变地做下去吗？

死守着公司，不觉间年岁渐长。几年下来工资没涨，公司还能够维持到什么时候也是个未知数。

是不是该多想想今后怎么办？是不是现在就该行动起来，为将来做打算？

很多人就像这样，每天照常上下班，内心却总是感到不安。

可能还有一些人，出于对未来的焦虑，而打算从现在开始，有计划地行动起来。

于是，他们制订出类似这样的计划：养老需要多少钱，那么在退休前我必须存下多少钱。这样算下来，50岁之前必须攒多少，40岁之前又要攒多少……表面看来，这样的计划似乎既切实，又明智。

然而，未雨绸缪地细致填充了每一阶段的计划之后，你的焦虑真的会就此消散吗？

未来会发生什么无人知晓。你不知道公司的业绩什么时候会下滑，也不知道是否会因某个失误而倒霉，被公司解雇。你

（接上页）中世纪时期，基督教席卷欧洲，亚里士多德的哲学思想在其诞生地——欧洲的影响力式微。而在以高水平文化著称的伊斯兰文化圈内，伊本·西拿等人对亚里士多德的哲学思想加以潜心研究，其研究成果经由11世纪的十字军东征逆向输入欧洲，成为12世纪文艺复兴运动兴起的根源（参考：伊东俊太郎《十二世纪的文艺复兴》）。

可能会厌倦职场，无奈辞职走人，甚至可能突发重病，导致几年的收入付诸东流。

任何事情都有可能发生。突如其来的变故，可能完全摧毁你桌上的那份未来计划。没人能保证，一份缜密的计划就一定能打消你对未来的焦虑。

那么，怎么做才能拭去"未来，我能否养活自己"的焦虑呢？

亚里士多德提出，要暂且忘却未来的目的和计划，专心做眼下想做的和应该做的。

他把"将未来的目的放在首位的行为"称作"运动性行为"，把"不考虑未来的目的而专注当下的行为"称作"现实性行为"（又译"实现活动"）。对此，他做出如下解释：

快乐既是实现活动，也是目的。（摘自《尼各马可伦理学》第七卷）

这是什么意思呢？

亚里士多德所说的"运动性行为"，换言之，就是"目的处于当下的自我之外的行为"。比如，牺牲眼下的乐趣，为自己的未来做准备，就属于运动性行为。

"运动性行为"具备计划性，不正能够减少我们对未来的焦虑吗？与此相对，"现实性行为"使人沉溺在刹那的快乐之中，为每个瞬间而活,所以对未来的焦虑会越积越深。——相信有人会秉持这样的想法吧。

然而,实际情况却恰恰相反[1]。

亚里士多德指出,"现实性行为",就是"个体在当下感受到快乐与充实"这一状态"已经实现的成果"。

举例来说,一个人即将做重要的方案展示,他刚开始感到紧张,但是心无旁骛地投入其中之后,渐渐地感受到了乐趣,从而忘我地投入其中,制作完了所有资料。展示结束后,他还意外收获了众人的一致好评。

又或者,面对有好感的异性,如果内心只想着如何让对方开心,并且自己也在约会时乐在其中,就会在不知不觉间营造出良好的氛围。大家有没有过类似的经历呢?

这就是"现实性行为"的奇妙之处:放下目的而专注于过程的行为,最终会为你带来"好结果"。而"以达到目的为优先的考量"虽然与"现实性行为"是相对立的,但是它孜孜以求的也正是这个"好结果"。

乍看起来,走"运动性行为"的道路,在一开始就致力于获取好的结果,根据目的倒推计划,做当下该做之事,才是聪明人的做法。然而实际上,由于没有全情投入"当下",其成效就

---

[1] 古希腊哲学家伊壁鸠鲁说过,最不在意明天的人,最能愉快地迎接明天。

及不上那些全身心投入的人——这样的现象屡见不鲜。

2014年，网球选手锦织圭在美国网球公开赛决赛上落败。他的反思给我们以启示："半决赛前，我始终在享受网球运动带来的乐趣，但是到了决赛，我心里只剩下要赢的念头，整个人太紧张了……"

不问结果，抛下杂念，享受过程。只有在脚踏实地、乐在其中的人身上，才会诞生显著的，甚至是最了不起的成效，自然也会赢得好的结果。好的结果，就像是享受过程这一行为带来的收获。

话虽如此，世界上也不可能存在走一步是一步，毫不考虑结果的人。

人生来就会对好的结果抱持期待，希望自己拥有走向成功的运气。脑海中存在这些念头也无伤大雅。只是，我们要试着忘掉这些念头，全身心地享受当下所处的境地。

从现实的角度来看，最好的做法应该是，在重视目的的"运动性行为"与重视过程的"现实性行为"之间求得平衡，使两者同时发挥效用。

由衷感受到某项工作适合自己时，全力投入其中，并在由此带来的充实感中度过每一天的人，绝不会被世界亏待。当自然散发的魅力被别人看到时，他们又会迎来新的机遇。

当然，这一切绝非必然。但是人们活在当下，各种意外都会不期而至，明天将会如何，谁也无从得知。如此看来，关注当下的自我，注重现实的生活方式，才是最正确的人生尝试[1]。

每一天都沉浸在当下所处瞬间的人，乍看起来放浪形骸，但长远来看，他们的光芒必定会在某一天被人发现，从而惠及自身。所以，只要脚踏实地地过好每一天，对未来的焦虑就会自然而然地得到消解。

尽己所能，前路自开。

---

[1] 日本国宝级歌舞伎演员坂东玉三郎非歌舞伎世家出身，却作为当代第一女形（男旦），在歌舞伎第一线活跃了50年之久。他广为人知的一点，就是在生活上极为自律，把全部心力都投注在歌舞伎艺术之上。演出结束后，他总是立刻回家，请人按摩，放松身体，为第二天的演出做准备。他日复一日地往返于家和剧院之间，并坚持这样一个思想：不望远方，只观明日。坂东玉三郎说："一天天地坚持做下去，蓦然回首，50年倏忽而过。珍惜明天，拼尽全力，或许就能把每个点点滴滴积累串联起来，这也是唯一有意义的做法，不是吗？"（日本NHK "行家本色" 系列纪录片）

亚里士多德的答案

快乐既是实现活动，也是目的。

推荐图书：《尼各马可伦理学》

　　这本书是人类对伦理学的首次探讨。"幸福就是发挥人类功能的活动"，"要活得中庸"。书里有许多能够让你更好地生活的观点。当你对人生感到迷茫时，你会想翻一翻这本书。本书由亚里士多德之子尼各马可编辑而成。

忙碌，没时间

亨利·柏格森早已给出答案

亨利·柏格森　　1859—1941

　　法国哲学家，诺贝尔文学奖得主。他以当时最新的自然科学理论为基础，同时吸收神秘主义的思想，提出"流变的生命"学说。其代表作《物质与记忆》甚至影响了吉尔·德勒兹的电影理论；此外，这本书还对由年龄增长引发的记忆力变化现象进行了肯定性的论述。

没有时间，忙到分身乏术。我的人生就要这样飞逝吗？

我会就这样变老，然后在某一天死去吗？

如果你从过度忙碌的日常生活中幡然醒悟，发觉弹指而过的人生太过空虚，不妨来了解一下柏格森的时间理论。

柏格森阐释的哲学极为朴实，却常常令人不得其解。这大概是因为，他所阐释的，是现代人早就习以为常，却因此恰恰忽视掉的一种时间感知。

回想一下我们平常使用的记事本、日程管理软件，不难发现，现代人总是习惯用纸上或软件上划分好的区域指代时间，以"空间"的概念来管理时间。纵向记录一天的时间，用时间段划分时间的做法更是如此。"从这儿到这儿是空闲时间"，"下周二晚上已经有安排了，周四上午可以"……我们会像这样合理地充实自己的空闲时间。

我们希望借可见的空间管理不可见的时间，以此有效地利用自己拥有的时间。

可是，"时间的本质真的是这样的吗？"

这个直击我们日常生活的根本性疑问，就是柏格森撰写《时间与自由意志》的动机。

柏格森在书中予以批判的，正是现代人用空间概念对待时间的举措。

他认为，把时间视作"对所有人来说都一样的客观空间"，未免有失妥当。

举例来说，快乐的时光总是充盈而短暂，眨眼间就流走了。但是，在做自己不喜欢的事情时，时间总是显得漫长而单调。

现代人理所当然地把时间理解为"对所有人同等流动的客观时间"，并毫无疑义地接受了这个观点。然而事实当真如此吗？我们真的能够因此真实地感受到自己活在其间吗？——这就是柏格森抛出的疑问。

感受自己真实活着的时刻。

去观赏自然美景，晚间眺望城市中无缘得见的满天繁星，感受到自己真实地活在世上。这个时候，你的脑海中或许会有种顿悟的感觉，让你看透人生的始终。

又或者，灵感一闪而过的那一刻，久未解决的问题或停滞不前的工作，忽然有了头绪，一下子全都得以顺利解决。对那些问题的未来展望，也在眼前铺陈开来[1]。

---

[1] 柏格森把现代人中常见的"空间化的、零散的思考"与他认为更好的"纯粹的绵延"加以对比，从中得出了"直觉可以通往分析，但分析不能抵达直觉"（摘自小林秀雄讨论柏格森理论的《感想》一文）的观点。它与人们常说的"分析无法产出任何事物"的观点异曲同工，赋予了注重灵感的创作者勇气。在一定程度上，它也挑衅了从事评论、分析工作的批评家。而出生于荷兰的当代建筑家雷姆·库哈斯却跳出创作者身份的桎梏，站在柏格森的对立面上，提出"分析即创造"的观点。库哈斯本人就是在彻底调查建筑用地的布局条件及周边经济状况，并用逻辑方法构想如何建造的基础上，源源不断地设计出众多惊艳众人的杰作的。正如日本艺术大师冈本太郎所说："真正的作家，必定也是批评家。"

这些时候，时间的绵延独属于你自己，过去与未来在你这里连通，进入第四维度。像这样，脱离了人们寻常的时间感知，主观而又充盈的时间，不就是对于生活在时间之中的我们而言的一种"自由"吗？

柏格森把这样的体会与填满记事本的合理化、空间化的时间加以对比[1]，称主观时间为"纯粹的绵延"。

我们原本可以充盈地度过属于自己的时间，保持自由的状态，但是由于裹挟在与他人的约定及社会常规之中，我们错误地以为，努力把时间填满就能够充实自己的人生，并且完全没有反省过这样的做法。

柏格森犀利地批判了现代人这种利用时间的方式，他说："我们困在传统的时间观里，轻易丢弃了真正意义上的时间，亦即自由。"

> 这种被折射了的因而被切成片段的自我更为符合一般的社会需要……意识倾向于它，反而把基本的自我逐渐忘记干净。（摘自《时间与自由意志》第二章）

---

[1] 前者被称作"柏格森时间"，后者被称作"牛顿时间"。在柏格森所处的时代，始于牛顿的物理学及机械论等近代科学成为社会热潮，柏格森认为人类的生命将面临因此而失去流动的危机，因此，他对牛顿的时间观提出了批判。20世纪最优秀的长篇小说马塞尔·普鲁斯特所著的《追忆似水年华》讲述了沉睡的过往记忆，会因某个突如其来的契机而复苏，仿佛就发生在当下一般，而这正是这部小说的主题：时间不分过去和未来。小说中有名的插曲"玛德琳蛋糕"，可以算是柏格森"纯粹的绵延"在文学领域的升华。在"纯粹的绵延"中，最活跃的时间就是"生命冲动"。该书第29页讲述的笛卡尔在冬日暖炉边度过的一夜与第72页中契克森米哈赖阐释的"心流"，都可以算是"生命冲动"的例子。

假如你觉得自己"在忙碌中失去了自我"[1]，不妨尝试度过一天没有任何工作打扰、不用在记事本上写写画画的日子（如果难以做到这样，可以改为尝试克服在记事本上排满日程的习惯）。

　　在这一天，不抱持任何目的，只做自己喜欢的事情。你可以看想看的书和电影，或者信步而行，享受寻访未知的乐趣。

　　此时，全新的灵感或许就会在脑海里浮现。精神焕然一新之后，你才能够自上而下地重新审视自己的工作，这与一味埋头苦干全然不同。你可能还会萌生出新的想法，想要走别人没走过的路，过有别于他人的独特生活。

　　真正的自由时间就是极为主观的时间。事后回首你会发现，比起用他人施加给自己的计划胡乱填充时间的做法，主观时间的效能更高，也充盈得多。

---

[1] 忙碌的时候，"启发式方法"会给你助益。达成同一结果的最短路径是什么？——擅长数学的人会从这个思路出发解决问题，思考怎样最大限度地减省步骤。同样，工作上需要发言或制作资料时，我们也应该有意识地思考"从哪一点切入问题，才能够以最少的信息量最大程度地震住对方"。从这个角度出发做事，我们会引起对方的关注，工作也能够干净利落地处理好。

亨利·柏格森的答案

当我们的种种行动发自我们的全人格时，我们是自由的。

推荐图书：《时间与自由意志》

"我即是我"看似毫无争议，实现起来又是多么困难啊。本书阐述了以空间把握时间的科学观点夺走人的本我，而人在意识的内在绵延（纯粹的绵延）中重获自由的观点。这是柏格森撰写的博士论文，影响了德勒兹及众多艺术家。

我想变成有钱人

马克斯·韦伯早已给出答案

马克斯·韦伯 1864—1920

与《自杀论》作者涂尔干并称为近代社会学的创始人。他在与精神疾病做斗争的同时潜心研究，从一切宗教出发分析人类，提出"比较宗教社会学"的构想，与马克思的历史观（唯物论）形成对峙，留下包括"祛魅""官僚制化""去人性化"等对未来社会的众多关键预测。

有可能的话，谁都想当有钱人。

尽管"金钱无法买来一切"，但对很多人来说，钱这个东西也还是越多越好。从子女的教育到最先进的医疗，从享受旅游到消解对老来身无分文的不安……听起来或许悲情，但不得不承认，金钱掌控着人生的方方面面。

对钱不屑一顾的人，在享受到钱带来的富足之后，常常立刻就屈服于它的威力，人生观产生巨变。这样的事情屡见不鲜。

金钱就是如此，它有着无法抵挡的魅力。

那么，我们要怎么做才能变成有钱人呢？

把人生的目的都押在钱这一点上，所有的时间都拿来赚钱，对除此之外的一切漠不关心。——像这样变成彻头彻尾的财迷，钱就会汇聚到你的身边吗？

社会学创始人马克斯·韦伯告诉我们，这样的方式大错特错。有钱人不一定就是对金钱充满欲望与执着的人。恰恰相反，韦伯说："舍弃了对金钱的执着，一心扑在工作上的人，最终会成为有钱人。"

难道越是从骨子里蔑视金钱，就越能够全心奋斗，累积财富？

这究竟是为什么呢？

韦伯首先注意到了基督教内新旧两派教徒之间的经济差距。

他发现，从拥有的资本和工作质量等方面看，新教教徒比旧教教徒更加富裕。

新教的众多派别中，韦伯重点研究的是"加尔文派"。它是16世纪的法国神学家加尔文在宗教改革过程中创立的一个派别。加尔文派出现之前的基督教，即天主教，为盈利向民众出售一种被称为"赎罪券"的小纸片，宣称购买了赎罪券，就能够在死后得到拯救[1]。于是，人们丧失了努力工作的动力（基督教原本就禁止贪婪无度地累积财富），赚够了能够保障最低生活所需的钱，就停下来吃喝休养。

那时的基督教内早已开始腐败堕落，鼓吹购买赎罪券、施行圣礼就能够得救。为了使基督教回归原有之义[2]，加尔文细心研读《圣经》，挖掘出上帝"绝对至上"的观点。他由此取其精髓，提出加尔文派的核心思想——预定论，即上帝在创世之初就已预先选定了将来会得救的人。这一观点在后来推动了清

---

[1] 加尔文派的劳动者脱离了基督教此前宣扬的依靠上帝、购买赎罪券即可解决一切问题的论调。在一段时间内，他们被上帝抛弃，孤立无援，不得不各自思考获得拯救的方法。这样的境遇使他们凭借自己的力量思考出再度受上帝祝福的方法，即转向天职——劳动。韦伯称其为"祛魅"，把它视作近代的开端。

[2] 当时的西班牙医学家弥贵尔·塞尔维特出版了一本书，专门批判那个时代的基督教，结果被日内瓦手掌大权、严密监视市民生活的加尔文派视为异端分子，宣布对其处以火刑（旧派同样视他为异端分子，所以他遭受了双重的苦难）。据说，受刑时由于火势微弱，塞尔维特直接痛晕了过去，人们出于怜悯，就朝着火堆扔草，帮助加大火势。比起凶残无道，用"怀着不允许《圣经》被曲解的'铁血热情'"来形容加尔文派似乎更为适宜。在他们过激的肃清活动下，日内瓦成为新教的大本营，新教思想传到英国、法国、荷兰，继而又传到了其他欧洲各国，影响力不断扩大。（参考：渡边一夫《法国文艺复兴的大师们》）

教徒革命、美国独立战争等世界史上的民主主义革命,成为人类史上强有力的思想之一[1]。

预定论认为:善人积德行善,未必能入天国;恶人作恶多端,未必会下地狱。上帝在最初就单方面做出决断,判定了应该拯救哪些人。预定论还提出,上帝的决定非人智所能及,从而确保了上帝的"绝对至上"。

在预定论下,哪些人会得到上帝的拯救呢? 自己是不是被拯救的对象呢? ——这一切都变得不明朗起来。不明朗会导致什么呢? 会导致不安和紧张在人群中滋生。显而易见,预定论在确保了绝对神权的同时,又巧妙地驱使人们去面对自己的不安。

正因为悬着一颗心,不知道自己能否得救,加尔文派的教徒才有了拼尽全力的决心。为了自我产生"我会被拯救"的信念,他们坚信"倾注授予我身的所有能量,专心施行上帝给予的应有行为,就是有资格被上帝拯救的人所能够做的一切"。他们控制欲望,摒弃奢侈,稍有松懈、空闲就会被不安驱使,继续勤勤恳恳地奉行上帝派定的天职(上帝授予自己的使命)。

韦伯把这种生活态度(性格)命名为"入世禁欲"(又名"行动禁欲")。这里的"禁欲"不是禁止一切欲望,它更像是只专注于一件事情。最初的"入世禁欲"倡导的必定不是追求利益(金钱),更遑论基督教原本就不赞同只顾及自身的利己主义思想。

[1] 由希伯来大学历史系教授尤瓦尔·赫拉利撰写的畅销全球的《人类简史:从动物到上帝》提到了一个重点:是否相信"不存在的事物",即"虚构"的能力,是尼安德特人与智人(人类)最大的不同;正是对"虚构"的能力的相信,使智人团结在一起,形成一个集体。从"预定论"这样的神学到"金钱""公司",虚构无处不在。赫拉利预言说,在政治与技术相背离、陷入困境的现代,人们将会寻求具备信服力的新的虚构故事,来替代资本主义。它既不是人工智能,也不是数据科学,这个问题需要交由哲学来解决。

"入世禁欲"认同的是，在适合自己的岗位（天职）上持续努力，为所有人的生活做贡献。这样做的结果是财富累积、生活富裕，它还由此证明了赐予人天职的上帝的荣耀。

> 上帝唯一能够认可的生活方式并不是通过隐修禁欲主义来超越世俗道德，而是履行个人在现世中所处位置所赋予他的义务。这是他的天职。（摘自《新教伦理与资本主义精神》第三章）

更进一步来说，要想强化自己会被上帝拯救的信念，重要的是劳动的等价报酬，即"利益"有多少。

于是，人们就必须尽量长时间地专注于自己的工作。这就意味着，时间管理非常重要。人们践行着"时间就是金钱"的信条，按时上岗工作，严守交付日期，时时刻刻严格地管束自己[1]。

信奉"工作即救赎"的新教教徒即便积累了足够的财富，也依然不会胡乱花费，非但如此，他们还每时每刻都在思索如何实现利益的最大化。这些人把积累的资本再次投放出去，通过"经营活动"实现再生产。勤勉、节约、投资——加尔文派彻底而合理地奉行"预定论"这则故事（救赎），于是，财富便如同滚雪球般越积越多。

---

[1] 法国当代经济学家皮凯蒂认为，现代的标志就是资本回报率（r）超出经济增长率（g）（《21世纪资本论》）。也就是说，只要$r > g$，资本主义就会源源不断地制造出不可持续的经济贫富差距。有人觉得工作和努力能够换来一切，但巴尔扎克的《高老头》中有这么一句说给野心勃勃的大学生的话："比起努力工作，靠资产赚钱更能让你富一辈子。"理论上讲，正如这句话所言，"攀上高校后迅速变身为有钱人"的现象或许也是存在的。

由此便可得知，加尔文派意图回归基督教严禁求取利息的原义，但他们创造出的"天职"一说成为驱动人们埋头劳动的原动力，反而因此推动了资本主义的诞生。

如果我们既不是加尔文主义者，也不是旧教教徒，甚至并不信仰宗教，那么从韦伯的分析来看，我们要怎么做才能变成有钱人呢?

个中关键就在于，如果真存在能够驱动人类的原动力，那也不会是金钱本身。韦伯就是在金钱以外的领域发现了催人勤勉的动力。同理，具体到每一个人来说，正是我们过往的人生经历织就的"个人故事"，取代了"预定论"这样的"宏观故事"，成为催人奋斗的原动力。

这个"个人故事"，或许是始于幼年时代就难以逾越的"自卑感"，或许是对曾经轻视过自己的人怀有的"报复心理"，或许是"没有活着的真实感""泯然众人"等种种思绪引发的"莫名的不安"，或许是不以他人嫌恶的烦琐事务为苦，反倒向往至极的"没用的热情"，又或许是"病态的适应性"。

每个人的故事各有不同，你应该试着探索自己的内心，这样才能看到自己的无尽能量——它将喷发出对工作异乎寻常的热情，才能看到属于你自己的"预定论"——它会不容拒绝地驱动着你勤勉工作。

马克斯·韦伯的答案

获取了能获取的一切，并且节省了能节省的一切的人，会得到神的更多恩典。

推荐图书：《新教伦理与资本主义精神》

　　资本主义得以发展的重要原因（也有不同意见认为存在其他更为重要的原因）就在于这个乍看起来与资本主义背道而驰的宗教思想。本书条理清晰地论证了这一反向学说。关于韦伯及其《新教伦理与资本主义精神》一书的解读著作为数众多，其中，小室直树的《写给日本人的宪法原论》更值得一读。

我有想做的事，
却没有勇气付诸行动

勒内·笛卡尔早已给出答案

勒内·笛卡尔　1596—1650

法国哲学家、数学家。这位近代哲学之父早先饱览群书，浪迹各国，后来秉持着普遍怀疑的理性，决心探求真理。他的思想被斯宾诺莎、莱布尼茨等人继承，成为与"英国经验论"平分欧洲哲学主流的"大陆唯理论"的根源。

公司内部的新项目要招募成员，你畏畏缩缩，不敢应征；你想投身一个全新的行业，却无法鼓起勇气；你想冲到国外大干一场，却找不到正确的方向。

怀揣着模糊的梦想、目标，却未曾付诸行动，而时间不等人，岁月飞逝而过。

如果你感到焦躁烦乱，那么开启了近代哲学道路的笛卡尔或许能够给你启示。

提起笛卡尔，我们最鲜明的印象或许就是那句著名的"我思故我在"了。这是笛卡尔在普遍怀疑世界上的一切后最终得出的一句话。对笛卡尔来说，这句话不是终点，而是起点，他希望从这句话出发，在此基础上构建出庞大的知识体系。

笛卡尔虽然是理性主义者，却并不局限于埋头读书。在征服了当时所有的学问（即读完了所有能够看到的书）后，他开始怀疑一切接触过的知识，把它们全部归零，并试图从"自己确实认为真实无误"这个最不可动摇的原则出发，重建一切学问。这个性格倔强的人赤手空拳挑战广阔的知识世界，认为自己的这种方式能够建造出牢不可破的铜墙铁壁。

笛卡尔认为，只读书不是真正意义上的学习。他抛下自己读过的所有书，怀着"实地考察世界各地，从实际体验中汲取知识"的想法，开始了阅读世界的征途。

我花了几年工夫像这样研究世界这本大书、努力取得若干经验之后，终于下定决心同时也研究我自己，集中精力来选择我应当遵循的道路。这样做，我觉得取得的成就比不出家门、不离书本大多了。（摘自《谈谈方法》第一部分）

漫长的旅途中，笛卡尔曾在德国的一个野营地（据说是多瑙河畔的诺伊堡）停留。他把自己关在带壁炉的房间里，放任自己沉入思索，尝试以一己之力重建所有学问。他在当时思索出的"正确运用自己的理性在各门学问里寻求真理的方法"，就是其主要著作《谈谈方法》中提到的四条简单规则。

明证：凡是我没有明确地认识到的东西，我绝不把它当成真的加以接受。

综合：在任何情况下，都要尽量全面地考察，尽量普遍地复查，做到确信毫无遗漏。

列举：按次序进行我的思考，从最简单、最容易认识的对象开始，一点一点逐步上升，直到认识最复杂的对象；就连那些本来没有先后关系的东西，也给它们设定一个次序。

"拆分"：把我所审查的每一个难题按照可能和必要的程度分成若干部分，以便一一妥为解决。

没错，"遇到困难，要拆分"。

如同500年前的那个冬夜，笛卡尔立志以一己之力重建人类社会的诸般学问一般，生而为人，每个人都有自己想要达成的事业。

然而，懒散的身体不愿动弹，与目标渐行渐远。如今的自己似乎已与曾经的梦想割裂。

这种时候，笛卡尔的"拆分困难"告诉我们，要把"人生中无论如何也想做的事"这个看起来异常庞大的概念，以十年、几年、一年、一个月、一天为单位加以细化，把它拆分到自己能够承载的程度。

我们还可以再进一步，把"人生中无论如何也想做的事"落实到一天中的几个小时、几分钟，甚至是等车的细碎时间里，把它拆分成可以用几分钟的时间沉下心完成的若干小部分。

换言之，我们要做的，就是"把自己想做的事情拆分成若干个阶段性目标"[1]。如果感到自己离目标太远，我们可以对那个终极目标进行拆分，订立一些需要途中达成的阶段性目标，然后逐一实现它们。拆分规则认为，实现阶段性目标会带来令

---

[1] 认知科学领域把从零开始着手解决重大问题的行为称作"算法"，它是一项只有电脑才能完成的高难度工作。而运算能力有限的人类将自己无法解决的问题分解细化，并思索其中的关键，降低解决难度的行为，则被称作"启发式方法"（简便方法）。《怪诞行为学》作者、行为经济学家丹·艾瑞里做过一个试验，结果显示当把校正论文这种比较费事的工作交给研究生的时候，那些细分了时间，设置好阶段性目标，然后有序推进的人的完成情况，比赶在截止日期前草草了事的人的完成情况要好。这就是具有代表性的"启发式方法"。2016年，人工智能机器人阿尔法围棋（AlphaGo）打败了世界最强的围棋选手，以此为开端，近年关于人工智能的研究突飞猛进。这种现象的出现，除了有赖于算法可使人工智能比人类多读取一亿步外，深度学习也功不可没：人工智能同时兼具可启发性，能够通过人类一直引以为豪的直觉寻找到最优的处理办法。

人愉悦的成就感。如果一个人能够全心投入其中，持续实现一个个阶段性目标，那么总有一天，这个人会抵达难以想象的高度。

志存高远是好事，但也不乏最终仅停留在豪言壮语的可能性。然而，如果我们能够认真履行好阶段性目标，梦想就终究会实现。

每一个阶段性目标虽然微小，却都有各自的意义，实现阶段性目标会让我们切实感受到自己的收获。如此一来，我们可以真实地预感到自己的人生将越来越有趣。把梦想这种令人感觉难以承载的事物，拆分到自己认为可以尝试的程度，这就是笛卡尔式的解决办法。

面对庞大的学问与世界，笛卡尔就是这样从零开始构建自己的思想的。每实现一个阶段性目标，他就顺势产生继续挑战下一个阶段性目标的动力。最后，已经达成的部分"综合"起来，就构建出了一个庞大的知识世界。

这就是笛卡尔在抛开书本云游世界时，从下述的感官体验中得出的方法论。

　　我好像一个在黑暗中独自摸索前进的人似的，下决心慢慢地走，每一样东西都仔细摸它一摸，这样虽然进步不大，至少保得住不摔倒。（摘自《谈谈方法》第二部分）

笛卡尔坚定地奉行"我思故我在",创造出了他在《谈谈方法》中论述的方法,这些方法就是细分世界,然后重新构建世界。

笛卡尔的方法虽然源自"神权至上"的欧洲,却将神这个角色隐藏了起来,朝着"以人类的理性认识世界"迈进了一步。

不仅是哲学,近代所有学问的基础都是自此建立起来的[1][2],它们的起点就是自黑暗中迈出的那一步——我思故我在。

不管多么庞大的事业,都是从小处积聚而来的。

现在,就用笛卡尔的思想来指导自己的行为吧。你已经把大目标拆分好了,还是正在恰当地拆分目标呢?假如不希望心中的渴望流为幻影,那么从今往后,我们所有的行动就都应践行笛卡尔的思想。

---

[1] 除了近代哲学的基础,笛卡尔同时还建立了数学的基础。用xy平面上的两个数字定义平面上某一点的"坐标"就是他的知名贡献。如今中学生都对坐标甚为熟悉,它实际上是几何学与代数融合的成果,体现的正是《谈谈方法》中提到的"综合"规则。

[2] 笛卡尔作为演绎推理之祖的身份同样广为人知。演绎法就是在上至整体下至局部的所有范围内,检验作用于世界的少数普遍真理,并不断进行推论。这种逻辑思路强大易懂,我们平时说"科学思考"的时候,大多指这种演绎思维。与笛卡尔处于同一时代的对手帕斯卡对他的演绎法持批判态度。他认同笛卡尔条理清晰的直线式思考,认为它符合其"几何学的精神",但与此同时,帕斯卡认为用直觉感知复杂多变的事态并统一归纳其背后真意的"敏感精神"也十分重要。有了后者,人才会产生新的想法;同时发挥演绎推理与敏感精神,才符合科学的精神。

勒内·笛卡尔的答案

遇到困难，要拆分！

推荐图书：《谈谈方法》

这是一本篇幅短小、简明易懂的古典著作。比起"我思故我在"这个哲学命题本身，得出这个命题的过程以及用方法论研究问题的立足点里有更多值得学习的地方。林修[1]就非常偏爱"永远只求克服自己，不求克服命运，只求改变自己的愿望，不求改变世间的秩序"一节。

---

[1] 林修：日本知名的东进补习学校的讲师，2013年以流行语"何时开始？就是现在！"（いつやるか？いまでしょ！）爆红，受到世人关注。

想辞职，却又不敢

吉尔·德勒兹早已给出答案

吉尔·德勒兹　1925—1995

　　20世纪具有代表性的法国哲学家。在对柏格森和斯宾诺莎等人的研究上，吉尔·德勒兹可以算是优秀的哲学史家。写完《差异与重复》后，德勒兹与精神分析学家加塔利合作开展自己的哲学研究，提出"根茎""游牧"等众多充满吸引力的概念。他的思想在当今哲学界仍然占有一席之地。

上班枯燥无聊，却不能说辞职就辞职，于是整个人闷闷不乐。

虽然心中为此烦恼，每天早上也还得照样在拥挤的电车里摇摇晃晃。这样的人，恐怕不在少数。对很多人来说，它早已超出了普通意义上的烦恼。"再怎么烦也没用"的想法日渐驯化了我们，我们也就得过且过。

摆在我们面前的，是人人都能做的工作。可人生只有一次……每每想到这里，就深感自己并不喜欢这份工作。

难道就没有那种非我不可的工作，没有那种做成了就会令自己感到人生无悔的事业吗？肯定有，它一定就在某处。

如此一想，不免叹气。

我们嘴上说着"离开公司就好了"，实际上却没有勇气跳槽，也不敢保证辞职后能够自食其力，甚至一想到离开公司后变得身无分文的画面就直打哆嗦。于是，就会想辞职，却又辞不了职。

那么，我们应该怎么办呢？

20世纪下半叶具有代表性的法国哲学家吉尔·德勒兹说过这样一句话："不移动的时候也能够运动。"[1]

---

[1] 德勒兹的这句话引申自美国历史学家汤因比。"逃逸真不是旅行，甚至不是移动。……因为种种逃逸能够就地进行，发生在不动的旅行中。汤因比指出游牧者在严格意义上、在地理意义上不是移居者和旅行者，反而是那些不移动的人、坚持定居草原的人，他们大步不动，就地追随着一条逃逸线，他们是新武器的最伟大发明者。"（摘自《对话》第二章）

即便是在充斥着资本主义式压榨，被令人厌恶的事务束缚得无法动弹的职场，只要我们细细观察，就会发现其中隐藏着许多"漏洞"。

更确切地说，应该如德勒兹所言，处处皆是漏洞[1]。

只要找到"漏洞"，就能够从中逃逸。德勒兹诗意地称颂其为"逃逸资本主义"。

在崇尚"上好大学，去好公司"的价值观依然根深蒂固的社会里，德勒兹的哲学于人们而言有着十分新鲜的魅力，自传入亚洲以来便经久不衰。

要注意的是，德勒兹所说的，是精神层面的"逃逸"，而非"辞职追求自由、游牧（最早使用这个词的人就是德勒兹）"这种逃逸从属关系的物理举动。

德勒兹认为，一个人的所处之地并不是很重要。

如果你想辞职，却又不敢，那么不辞职也无关紧要。

完全没有必要毅然辞职，你完全可以继续待在公司里。

留守公司的同时，你可以偶尔腾出时间（在不违反工作规定的情况下）去做自己喜欢的事情。当然，再如何钟爱的事情，一个人做也还是难成气候。

---

[1] 本书使用的"漏洞"一词，原文用词是 ligne de fuite，英语译词为 line of flight，直译就是"逃逸线"。原文的 fuite 有"漏水、漏气"的意思，本文使用"漏洞"，体现了打破压抑的封闭系统这根"水管"，引发漏水后从中逃逸的意味。德勒兹还阐述过连接定居空间（纹理空间）与游牧空间（平滑空间）的"多孔空间"概念［参考：德勒兹《资本主义与精神分裂（卷2）：千高原》]，所以"洞"的意象与德勒兹的描述更为贴近。

不妨联合与自己志趣相投的外部职员，静静地酝酿想法，慢慢地扎稳根基[1]。然后，在某一天开启自己的计划，掀起一场前所未有的壮举，提升自己独立于公司以外的个人价值。这或许会为身为白领的你带来良性循环。

德勒兹所说的"逃逸"的意义就在于此：即便是在看起来管理严密、资本主义高度发达的企业内部，人们也可以秉持自己的思考，活得自由自在。

要实现"逃逸"，只需要一部能够随时利用碎片时间的设备，还有轻快的步伐。但是，要实现德勒兹所说的"就地逃逸"，还要面对一个难以解决的内在问题，那就是"状态切换"。

具体来说，当我们一身正装端坐在公司里时，身体和所处的场所都包裹在资本主义环境里。此时，惰性，抑或是惯性会驱使我们变身为"高级工人"，被动地完成哪怕是令自己厌恶的工作，这一点是不可否认的。已经步入社会的人恐怕都有过这种体会。

---

[1] 德勒兹提出过有名的"根茎"概念。他把上传下达式的纵向社会层级结构称作"树"；与"树"相对，没有中心，彼此联结且四处伸展的社会结构就是"根茎"。受德勒兹"根茎"概念的影响，意大利社会学家安东尼奥·内格里提出了马克思"阶级斗争"的现代版。他认为"多种多样的个体关系网（即大众）不受组织的束缚"，可以对抗资本主义的矛盾。利用人际关系网内的"弱联系"（weak ties：社会学家格兰诺维特提出的理论），腾出手创建自己喜欢的事业，打造"第二名片""平行事业"，又或者改变工作方式，变身为主副业并行的"斜杠青年"等，都切合（广义的）大众的定位（在劳动人口减少的背景下，政府对持有副业的态度也渐渐缓和）。重要的是，我们必须扩大自己的人际网络，多方面打造"逃逸线"，为自己预留多个压抑、窒息时可供庇护的场所。

即使对工作有强烈的不满，在强大的惯性推动下完成所有工作后，我们也很难迅速切换状态，去做自己感兴趣的事情。等到回过神来的时候，我们早已经用紧急但无谓的"杂事"填满了日程，可能还会为自己的充实感到欣慰。我们真的有抵抗这股推动力的意志吗？我们还能在百忙之中挤出时间，完成自己感兴趣或对自己而言十分重要的事情吗？

能否做到，取决于状态切换能否完成。无法顺利切换状态的原因在于"压力"。同事间配合不到位，客户恶语相向……在工作中，我们或多或少都会积攒一些精神压力。

假如接下来的工作能够帮助我们释放精神压力，那当然很好，但是也可能引发连锁反应，又产生新的压力，由此陷入饮鸩止渴的困境。

我们是否能挣脱持续产生压力、麻痹人心的职场氛围，迅速调整状态，应对工作以外的其他该做的事情呢？从实际情况来看，单纯依靠碎片时间的话，很难让人投入感兴趣的事情当中。因此，我们必须早起，或采取其他方法，确保自己常常拥有不受任何人打扰的独立时间。

德勒兹是左翼哲学家，因此才提倡逃逸资本主义，但他提倡的"逃逸"，并不完全等同于普遍意义上的逃逸。德勒兹的逃逸要求我们有这样的心理：以百无聊赖的工作内容以及因它而产生的不甘为动力，孤身沉浸到自己该做的事情中去。

只要我们坚持自我，能够不受公司职员的身份束缚，不在意领导和同事的看法，想做什么就尽情去做，那么即便所处的职场封闭而压抑，在我们眼中，它也会成为一个能够充分呼吸、可以大展拳脚的希望之地。

吉尔·德勒兹的答案

找到"漏洞",从中逃逸。

推荐图书 :《资本主义与精神分裂 : 反俄狄浦斯》

　　本书以形象的语言阐述了人们应该如何从压抑欲望的权力机关中逃逸。德勒兹另有内容晦涩的名著《资本主义与精神分裂（卷2）：千高原》《差异与重复》等，其中阐述了"成为不重要的人（比如孩子）""冷清的夜路上，人们用歌唱开辟自己的领地（永恒循环）"等众多吸引人的概念。

自我意识＼自卑感

每次听到我的朋友取得成功，我身上都死了一部分。

——戈尔·维达尔（作家）

陷入紧张情绪

乔答摩·悉达多（佛陀）
早已给出答案

乔答摩·悉达多（佛陀） 活跃于公元前6世纪前后

　　乔答摩·悉达多出生于今尼泊尔境内，原是某个小国的王子，后因对人生产生困惑而出家。他否定苦修，以冥想开悟，人称"佛陀"（觉醒的人）。其寻求参悟的教义演化为上座部佛教，传入东南亚地区；慈悲为怀的思想演化为大乘佛教，传入中国、日本。

三天后有大型演示汇报，明天要跟客户吃饭，还要在结婚典礼上发表感言……

一想到要在众人面前演讲、展示，任众人检视自己的能力，就不由得感到紧张、焦虑，担心自己出丑。这样的烦恼，恐怕人人都有。

"我必须做到最好。"

"一旦失败，我就完了。"

"要是这次搞砸了，我这一辈子就完了。"

时间越逼近，这样的悲观情绪就越令自己喘不过气来。

有些人，甚至在临上场的前夕彻夜难眠[1]。

面临重大场合、陷入紧张情绪时，佛教的教义会给我们以启示。本节将为大家讲述主要流传于泰国、老挝等东南亚国家的上座部佛教的教义[2]。

---

[1] 紧张、焦虑以致难以入眠是实实在在的烦恼，这里有一种方法，不需要安眠药，也不需要保健品，只要转换思维，就能够让睡眠变得更加简单。它就是加拿大认知科学家罗克·博杜提出的"认知转换睡眠法"。首先任意选择一个单词（比如，长笛＝flute），然后在数秒内，依次想出以 flute 中每个字母为开头的单词（比如 flamingo, line, unit, tumbler, egg），在大脑中完成由前一个意象到下一个意象的转换。当没有关联性的画面在脑海里罗列时，大脑就会给身体发出指令，告诉身体"该去睡觉了"。人在脑海里编织故事的时候会进入兴奋状态——"认知转换睡眠法"依照这个规律，反其道而行之，切断故事联结，从而使精神得到休养。

[2] 佛陀涅槃后，佛教分化为20个门派，其中忠于佛陀的训诫（即原始佛教）而倡导以自力开悟的一派就是上座部佛教。公元前3世纪，上座部佛教传到斯里兰卡，又经斯里兰卡扩散到了东南亚地区。一般认为，日本和中国的主流派别——大乘佛教，是在公元1世纪前后诞生于印度的。作为改革一派，或者说是上座部佛教的对立派，大乘佛教倡导民众创立的"慈悲"与"度化他人（利他行）"的思想，批判上（转下页）

佛陀训示说，人生来就有"渴爱"的精神。我们会从外界给予的种种刺激中想象过去已发生的事情和未来将发生的事情，在幻想中，我们渴求好的（贪），厌恶坏的（嗔），身处其中而不自知（痴），由此产生"渴爱"。"渴爱"里缠缚着浓重的"烦恼"，"烦恼"又生成"执着"（这一状态又叫"无明"）。

"陷入紧张情绪"就是"执着"的表现形式之一。比如，一想到方案展示、聚会，我们总想着要在上司、后辈面前好好表现，不能丢脸。渐渐地，即将面临的挑战就变成如有实质般的成败之举。

于是，我们开始感到强烈的不安与紧张，担心一切能否顺利，害怕搞砸后人生从此一蹶不振，"无论如何也不能搞砸"的"执着"日渐强烈。面对尚未来临的挑战，我们的紧张感与日俱增。

我们盲目地思前想后，随着挑战逼近而坐立难安。这一切都源于内心的变化——情感由"渴爱""烦恼"转向"执着"，且"执着"还在不断激化［如果换成康德，他大概会把这称为"禀好"（见第152页）］。

对于这种内心变化，我们不但未能客观全面地审视，反而无意识地卷入其中，不得挣脱。我们习以为常而又盲目地从平日里无数的繁杂刺激中滋生烦恼，并不断将其扩大[1]。

（接上页）座部佛教仅关注个人的"解脱"与"开悟"，是墨守成规的遁世论。大乘佛教的思想精华可见《维摩经》，它主要讲述了虽然是大商人出身却深谙佛教的俗家弟子维摩诘驳倒佛陀众多优秀弟子的故事，其中也有如"行于非道，不以道为道，不以非道为非道，是为通达佛道"等与日本佛学大师亲鸾"烦恼即菩提"的生活态度相通、值得一读的启示。

[1] 据说，人的大脑每一到两秒就会产生一个念头，一天算下来共产生约七万（转下页）

这种时候，佛教的教义常常令人醍醐灌顶。

　　凡有集法者,皆有此灭法。(摘自巴利语佛经《大品》)

这就是说，凡是因因缘而生的，最终都会消失。

我们经历的所有现象，都是因缘际会下的产物。如果没有因缘，它们就会尽数消失。

这就是佛教中最重要的"缘起"概念。

"缘起"即"此因生彼果，彼因生此果"。也就是说，事物之所以产生，是因为存在各种各样的因缘。我们常用的"好兆头"[1]这个说法就来源于此。世上发生的一切皆因"缘起"，所以，世事"无常"，全都是"没有实质的昙花一现"。

顺着"缘起"的思路，我们会发现，这一刻的紧张与不安，都是由于我们想被夸赞，被认可，却没有自信，而且把即将来临的挑战当作唯一的机会。

（接上页）个念头，可见人的种种杂念数量惊人。智能手机的普及更起到了推波助澜的作用，现代人注意力集中的持续时间仅余短短八秒。正因身处这个一切信息皆可获取、容易迷失自我的信息爆炸时代，人类才更加需要冥想，回到当下的自我上来。现代信息社会的造就者美国西海岸（加利福尼亚州）同时也是冥想风潮的兴起地，这或许并非偶然。

[2] 中文的"好兆头"，在日语里的表达是"縁起がいい"，直译就是"缘起好"。

在这些情感因缘集聚之下，我们的紧张与不安逐渐累积并高涨起来。等到一切结束之后，我们会发觉，曾令我们忧思重重的挑战就那么消失了，仿佛从没存在过一般，它就是终将消逝的"无常物"。重要的方案展示、聚会莫不如是。如果我们能够秉持着"无论结果好坏，一切终将过去"的想法，应该就会有更加放松的心态。

明白了世事无常的道理，就能够体察到世俗皆虚妄，一切都是聚后即散的现象。如此一来，我们就能够不再纠缠于过去的记忆、未来的不安，集中精力对待"当下"（如精心反复预演等），以遏止因"不想失败""想继续走下去"之类的烦恼而不断膨胀的、对过去和未来的执着[1]。

如其"行学"之名，佛教是一门不只重理论，同时也重实践（修行）的学问。为真正遏止烦恼滋生壮大，佛教里诞生了修行的主要方式——冥想。

冥想实行起来并不困难。大家熟悉的冥想坐姿有"结跏趺坐""半跏趺坐"，此外，我们还可以采用挺直背脊靠坐在椅子上的姿势。冥想的时候可以半睁或闭上眼睛，如实观照紧张的自己。这个时候要做的，不是压抑自己内在的状态，如紧张等，而是要客观真实地观察自己。

---

[1] 这就是"正念"（巴利语：sati）。流亡法国的越南禅僧释一行等人以大乘佛教（临济宗）的教义解读佛陀开悟的冥想，将其传播到了现代的欧美社会，他们倡导"正念"，即正念冥想。释一行曾在谷歌总部教授如何进行"漫步冥想"。

如果在重大场合即将到来时"不安到难以入眠"，通过冥想，我们就确定了自己处于"不安到难以入眠"的状态中；如果即将上场前"感到紧张"，通过冥想，我们就确定了自己正在"感到紧张"。

实际尝试冥想，各种杂念就会源源不断地涌出来，确实有些难以招架，但我们要做的只是"观察"和"确定"，这个过程能够使我们切实感受到，紧张得到了缓解。即便存在紧张感，我们也不会被它吞噬，反而能分离出另一个自己，让另一个自己用看待"我"之外的对象的眼光去看待紧张，从而将自己与紧张割裂开来。

像这样，冥想所做的只是让我们从"心怀烦恼的人"变成"观察烦恼的人"罢了。

那么，为什么简简单单的一个转变就能缓解紧张呢？这是因为，人类的大脑里有个部位叫"内侧前额叶皮层"，它能客观处理大脑里的情绪（这一功能又叫作"元认知"）。已有实验证实，人在进行冥想的时候，内侧前额叶皮层会进入充血状态，使人由身处情绪之中向抽身情绪之外转变。

佛陀涅槃时曾留下这样一句训诫——

　　　　诸行法皆是灭法，应以不放逸而成就。（摘自《大般涅槃经》）

当然，冥想并非仅限于紧张的时候才能够施展威力。

早在2500年前，佛陀就为我们建好了全方位的体系，其中蕴含的智慧能够减轻以"焦躁""难以遏制对某人的迷恋或怒气""深受嫉妒与自卑的折磨"等人际交往问题为代表的日常生活中的诸多烦恼。

　　这就是佛陀的训诫，以及佛教的冥想。我们不妨试着去学一学如何冥想，或许可以帮助我们舒缓一些现代生活的压力。

佛陀的答案

凡有集法者,皆有此灭法。

推荐图书 :《佛陀的真理与感悟之言》

在世时受烦恼缠磨的佛陀以卓绝的比喻道出了量可等身的感悟之言,《佛陀的真理与感悟之言》一书以423首两行诗的形式将佛陀的话语引入书中, 安抚你生活的困苦。佛陀因时常腹泻而体虚, 最终迎来涅槃, 讲述这段最后时光的《大般涅槃经》同样意蕴深厚。

长得不好看

萨特早已给出答案

萨特　1905—1980

　　法国哲学家。他阐述生活的荒诞与希望，在战后的思想界受到狂热支持。在国际时事问题上，他往往站在受压制一方的立场上表明态度。萨特故去后，前去参加他葬礼的人多达五万。

个矮，肉多，眼小，鼻塌，脸大，腮宽，腿短，发稀……

外表上的自卑之于哲学思考，似乎是一个彻底无解的肉身烦恼。

然而实际上，答案无疑就在哲学当中。

克服对外表的自卑感的启示就藏在萨特的哲学思想里。

要想理解萨特的存在主义哲学，建议舍近求远，先从理解"人与人以外的动物完全不同"这一点开始。

这里以蜥蜴为例。

蜥蜴的本质是"蜥蜴"，它身上覆盖着坚硬的鳞片，属于爬虫类，可以四肢吸附在墙壁、天花板上行走，以捕食昆虫为生。蜥蜴有长长的尾巴，受到外敌侵袭时会自行断尾。断掉的尾巴还能在几分钟内继续活动，从而吸引天敌的注意力，而蜥蜴就在这几分钟内快速逃生。

蜥蜴就是这样的一类生物，它身上积聚着许多属性，比如，它存活的目的就是留下肖似自己的后代等。蜥蜴所拥有的就是蜥蜴的属性，除此之外再无其他，而这些属性就是蜥蜴恒久不变的"本质"。

人类就没有所谓的本质。即便有，也都是可以抛弃的东西。人被赐予拥有强大智慧的肉身与各不相同的外形，每个人各自的人生意义和追求等，似乎早在出生之前就由上帝或者说父母先天性地决定好了，但实际上，这一类东西是完全不存在的。

人类完全是自由的，这种自由超乎想象。我们可以在工作日的夜半时分，来个说走就走的旅行，可以做任何事情。神也好，父母也好，挚友也好，领导跟公司就更不用说了，他们绝不会为我们决定该做什么。生而为人，有些事情看似不得不做，但实际上并非如此。

我们人类是无谓而被动地被抛到这个世界来的，原本就不可能"在自由中获得解放"。萨特所说的"人类被判了自由之刑"，意义就在于此，也可以说"人类受到了自由的诅咒"。自由与否就是动物与人类之间的决定性差异。

如果用哲学的语言解释动物与人类，那么蜥蜴（动物）就是"自在存在"，人类则是"自为存在"。"自在存在"意即"仅存在于存在之地"。

而"自为存在"的人类则"存在于尚未存在之地，而非现存之地"。意思是说，人不是出生时候的人，而是今后将成为的人。目前尚未达到，未能达到，但未来会达到，这才是最重要的。

确实，我们无法选择父母，无法决定出生与否。我们每个人都是一无所知地被带到这个世界的。最初的自我，就是有着这具身体、这张脸，生活在某个国家某个城市的自我。然而，人类拥有将自己与原始形象隔离开来的能力，这就是存在主义哲学中的一个重要思想。

人类大多不会钻牛角尖地思考"我是什么"的，所以能够从所有自我形象的束缚中解放自己，而且勇于开拓自身的可能性。

偶然间来到眼前这个世界上的人类，能够不断超越当下的自己。人类自主选择未来，拥有自己的目标，能够为自己做规划。萨特说过，"人既是'被投（毫无反抗之力地被投放）的'，也是'投企（能够自己规划未来的目标）的'"。

相对而言，蜥蜴之类的动物就无法做到上述这些事情。蜥蜴就只是蜥蜴，它无法决定自己要成为什么样子。从这个层面上看，蜥蜴（自然）并非人类。唯有人类才能否定天生的自己，摆脱一切束缚，这就是萨特存在主义哲学的核心"存在先于本质"的意义。

无论当下身处何种状态，人类都能够思考"我可以成为什么"。这里的"什么"任人想象，人类对此拥有绝对的自由。只有高中学历，所以当不上大学教授；赋闲在家，所以当不上诺贝尔文学奖的获奖作家；长得丑，所以找不到俊男美女结婚。这些结论全都可以被推翻，因为有人做到了。

人类是动物中唯一能够超脱于天生的自我之外的生物。人类应该从对原始自我的执念中解放出来，积极投身于社会，这是萨特的主张，也是萨特思想的落脚点。

后半生的萨特亲自践行了自己的哲学思想。他批判美国介入越南战争，声援领导了古巴革命的切·格瓦拉，积极果决地投身于国际局势，发表自己的见解。萨特自己的人生就是"自由选择道路，对选择负责"的存在主义哲学的体现。他以小说家成名，先后又当过剧作家、批评家、记者、社会活动家。无须惊讶——推动萨特精力充沛地玩转全方位角色的，就是对外表的自卑。

萨特青少年时期起就在学问上胜过常人，但这样的他却有着向转学过去的那所学校里的漂亮女生告白，结果被拒绝的黯淡过去。他个子小，眼如铜铃，又有严重的斜视，所以盼望受人喜爱的心情应该更甚一般人，然而对外表的自卑却又实实在在缠绕着他[1]。毫不夸张地说，在恋爱中屡屡受挫的萨特，正是为了成为异性倾慕的知识分子，换言之，为了否定"本质"，活在"存在"之中，才写出了大名鼎鼎的《存在与虚无》，他把它当作理论武器，拿来对抗自己因外表而产生的自卑感。

　　　　我在写作中诞生，此前的我只不过是镜中映照的
影像。

　　萨特思索哲学，通过书写对哲学的思索重获新生，成为存在主义的代表人物。舍弃镜中映照出的身体特征的瞬间，萨特真正地"诞生"了：他否定了外表"丑陋"的自己[2]，凭借敏锐的思考华丽变身，跻身世界一流知识分子之列，成功摆脱了矮小、斜视的桎梏，获得了自己独特的魅力。

　　并不是只有知性才能改造自身。就算长得不好看，我们也能通过健身得到具有魅力的身材；稍微花点心思，就能让自己

---

[1] 据说，萨特小时候长得很好看，读小学时，理发店有一次把他的头发剪得很短，结果没了发型，萨特就在心里叫嚣着"把我的头发还给我！"，这次挫败成了少年萨特对外表产生自卑的最初记忆。

[2] 哲学家梅洛-庞蒂曾是萨特的密友，后来与其绝交。梅洛-庞蒂的存在主义与萨特的差异在于，他不否定恰巧赋予自己的东西，而是提倡接受自己天生的身体与秉性，用意志驱使自己前进。梅洛-庞蒂患有精神分裂症，但在"现代绘画之父"塞尚的"本质真实"观的影响下，阐释了独特的以身体为中心的存在主义。

的穿衣打扮更加入时。所以，即便外表远算不上俊男靓女，只要我们付出了坚定的意志和努力，就也能朝着自己企盼的方向跃进一大步。

事实上，萨特就成功交往了同一所大学的美女校友——波伏娃，两人建立了认同彼此自由与自立的同居关系（自由结合），一生相伴。不仅如此，在撰写出哲学界的不朽名篇，成为同时代的智慧英雄[1]之后，萨特仍然在写作及演讲之余与美女相恋，哪怕是晚年失明后，也依然有多位情人相伴。

萨特成功地从恼于外表、告白被拒的文学青年，变身为"前所未有的存在""其貌不扬却颇得异性欢心的知识分子"。

---

[1] 萨特的存在主义哲学后来受到文化人类学家列维-斯特劳斯的彻底批判。萨特之后的结构主义知识分子认为，个人再如何意气风发地想要改变世界，其行动也早就被世界的构造决定，他们称萨特的哲学为"上个年代的哲学"。然而，如后萨特时代的德勒兹所坦承的那般，包括他在内的许多后进思想家，内心其实都很倾慕于他们开辟了所有道路的、才华横溢的耀眼明星——萨特。只是，想在思想界树立自己的声望，就不得不对分量极重的萨特采取嘲讽、批判的否定态度。

萨特的答案

人类，就是自己成就自己的一种生物。

推荐图书 :《存在与虚无》

这是一本围绕黑格尔、胡塞尔、海德格尔的思想展开论述的小说式的哲学书，二战后在哲学书品类中十分畅销。而萨特的另一部著作《恶心》则是哲学式的小说，其中描述主人公看到栗树的树根后感到恶心的场景十分有名。读《存在与虚无》时可以跳过导言，直接从与《恶心》类似的第一章开始读起。

忆起不愿想起的过去

尼采早已给出答案

尼采   1844—1900

　　19世纪末的德国哲学家，曾于巴塞尔教授古典文献学，后辞去教职。尼采批判基督教道德是弱者的怨恨[1]，放言"上帝已死"。他在湖畔感悟到"永恒轮回"，提出超人哲学，后来精神错乱。尼采是现代思想巨匠，对后世影响深远。

[1] 尼采正向利用自己的体弱、穷极全力探究哲学。他严词批判弱者对强者的（转下页）

人生总有失败。

对身边的人立下豪言壮语，表明自己的志向，结果没多久就遭遇挫折；下定决心在众人面前发言，希望娱乐他人，结果听众毫无反应；想要拉近自己与倾慕对象的距离，结果反而招致对方的厌恶……

诸如此类的记忆在某个时刻突然涌上心头，当时的苦涩心情如同胃酸上涌，后悔之意袭上心头，几乎令人狂躁。哪怕事情早已过去，每每回忆起来，内心的感受仍然鲜活如初，后悔的心情一直蔓延到当下。许多积极果敢地挑战人生的人，恐怕都曾有过这样的痛苦经历吧？

随着年岁渐长，人们开始畏惧失败的痛苦，把自己伪装成旁观者，绝不涉入风险，安于现状，严守分寸。可是，与不惧失败、持续挑战的生活方式相比，哪一种才能称得上"人生无悔"呢？

19世纪的代表性哲学家尼采把前者"君子不立于危墙之下"的理性活法称作阿波罗精神，把后者那样有苦有乐、跌宕起伏，

（接上页）"怨恨"，同时阐释了"强者"的形象。尼采认为，真正的强者，即超人，并不是手掌重权、体格魁梧的人（形容这一形象的"金发野兽"等表达曾受到海德格尔等人的曲解，被法西斯主义拿来利用），而是"虽然脆弱，却有最强的抵抗能力——忘却，能够全然忘却一次次打击，持续努力"的人，是"即便失败，也完全不会让它占据记忆，自怨自艾"的人（摘自浅田彰、岛田雅彦所著《天使经过》），他使"脆弱"升华成为一个哲学概念。尼采说，面对集聚在一起发挥强大力量的"弱者群体"，人们有必要守护"强者"。"弱者"是霍布斯式（见第97页）的警惕者，他们长于保身之道，而没有怨恨之心的"强者"则防守薄弱。壮大了古罗马帝国，连续闪电进击的恺撒就是典型的"强者"。他在路上行走的时候没有让护卫随身保护，结果就被情人的儿子们暗杀了。"强者"大多（因缺乏怨恨而）愚蠢。

64

在背负的命运中浮浮沉沉的活法称作狄奥尼索斯精神。他对索福克勒斯等人创作的"古希腊悲剧"大加赞赏，称其为阿波罗精神与狄奥尼索斯精神两相结合的艺术，是丰富人生的范本（《悲剧的诞生》）。

狄奥尼索斯式的人生是忠于欲望而活，在此过程中人们将遇到各种各样的体验，不幸必然会随之诞生。当然，令人感觉幸福的事情也会相应出现。

尼采说，这是因为生命即圆环，幸福欢乐的体验与不愿回想的失败体验都被因缘一视同仁地联结到一起，循环往复（《查拉图斯特拉如是说》）。

人们悟到了这一点之后，可能会对好事与坏事不断循环的人生感到绝望，也可能盼望坏事不要再来。

然而根据尼采的解释，所有的事情都是因果相连的，正如圆环环环相扣。所以，如果人们在某个夜晚与曾经觉得高不可攀的美丽恋人结合，又或者在事业上享受到意外的成功与夸赞，并希望此刻的幸福能够永远持续下去，希望这一刻还能再次到来，那么即便是对待接下来可能再次出现的不幸，人们也会说："去吧！但是还要回来！"

这就是"永劫回归"的思想。如果没有不幸的体验，人们也不会有美好的回忆，两者并存，人生才有苦有甜。所以，人们要热爱、享受变幻莫测的人生。

尼采把无条件肯定起伏动荡、有趣却又艰难的人生之举称作"命运之爱",认为这是最终抵达"超人"境界的条件[1]。那么，问题来了：哪怕是荒谬、悲惨的命运，我们也能够去爱吗？

尼采的回答是：可以。不幸的体验，会在某个场合下转变为超出幸福体验的财富。

失恋，失业，遭受背叛，遇到无能为力的事故与灾害，喝醉后犯蠢，工作上犯错……当我们正在经历这些的时候，只会觉得艰辛。而多年之后，当我们回想这些年轻气盛时犯下的无可辩驳的错误，又会觉得是一种耻辱。

但是，在竭力摆脱、跨越过去之后再回首往事，我们会发现，比起纯然愉悦或轻松的经历，正是曾经的痛苦过往令我们萌生了如今的意气与干劲。回首人生时，痛苦的记忆会给予如今的我们怀念与温存，激励我们继续努力下去。

---

[1] 在尼采口中"上帝已死"的现代，在超越性的存在（上帝）不再负担人生意义的世界，坚持肯定"唯余喜悲、循环往复的无意义人生"，即永恒回归的虚无主义，直至死亡的人，就是尼采所说的"超人"。

尼采的答案

对痛苦说：

"去吧！但是还要回来！"

推荐图书：《查拉图斯特拉如是说》

这是尼采以德语写就的最精妙、最具冲击力的作品，主人公原型取自祆教[1]教祖琐罗亚斯德。尼采的激情与气息透过平易的文体传递给读者，令人深深陶醉，称得上是一本陷入绝望与后悔时的必读著作。

[1] 祆教是中国古代对古波斯的琐罗亚斯德教的称谓。

对比他人，自觉沮丧

米哈里·契克森米哈赖
早已给出答案

米哈里·契克森米哈赖　1934—

　　匈牙利裔心理学家。战争中失去家人的经历令米哈里苦思"什么是值得过的人生"。他因荣格的一场演讲受到心理学启蒙，后来赴美求学。通过观察作曲家的创作活动，米哈里提出了"心流体验"。他认为，如果挑战与人的技能之间的关系达到了最优化，那么任何人都将体验到心流。

你有没有过这样的经历——向初次见面的人做自我介绍时，双方彼此交换名片，一看到对方供职的公司名称，你就开始在心里暗自比较自己与对方孰高孰低；还有些时候，你会无意间把自己的恋人、伴侣与朋友的做对比。

你如果在这种时候产生了"自己不如别人"的想法，一般就会认为这是一种自卑的感情，属于一种"情结"[1]。

值得注意的是，假如对方面对你的时候感到很优越，那就是产生了与你相反的"优越感"。这种优越感其实是自卑感的另一种表现。产生优越感的一方与产生自卑感的一方都会对比彼此的"状态"（工作单位、毕业学校、婚姻状态、财务状况、外貌等），找出自己的优秀之处与优势，又或者发现自己的平庸，看到自己与对方之间的差距，放低身段。从这个层面上看，双方其实都有自卑情结。

人类是一种渴求自我价值与能力的生物，这一特性本身是正常而健康的。然而，如果想通过自己与他人的"状态"（毕业学校、工作单位、结婚对象）对比来确认一个人的能力如何，

---

[1] 除了米哈里之外，弗洛伊德与荣格也都谈到过"情结"的概念，不过三人对这个概念的解读有细微的不同。将情结与自卑联系到一起的是阿德勒（见第113页）。阿德勒认为，人类种种行为的动机在于追求卓越，又或是克服自卑感。这是尊重努力的日本人最熟悉的对"情结"的诠释。自卑感蕴含着巨大的能量，自卑情结燃起的烈火会激发出强大的行动力。不夸张地说，很多成功人士往往就是自卑感超出常人的人。比如日本战后的代表性知识分子三岛由纪夫。他自幼时起就深受体弱之苦，这个怀有肉体自卑情结的青年在创作火烧金阁寺题材的小说时，开始了健身。当时，三岛由纪夫还写下了一篇文章《人类最后的自卑情结解放必以罪恶之结的悲剧》。事实上，三岛由纪夫的死亡也与之相关。虽然自卑情结强大的推动作用值得肯定，但我们也要恰当克制自己，以免受自卑情结摆布而走向毁灭。

那就是不恰当的。

日本战后的代表性知识分子丸山真男[1]把社会形态分为两种，一种是重视"状态"的社会，一种是重视"行动"的社会。

比如，以保守的大型企业为代表，采用终身雇佣、按资排辈制度的组织（最近这样的体系开始崩塌，企业内部的薪资差距也在不断扩大）就看重你"是不是"正式员工，"是不是"公司高管，这类企业就属于"状态"型。

反之，以处于成长期的风险企业为代表，奉行实力至上，不看重履历、学历，以绩效表现决定薪酬与升迁的公司则重视员工"做出了"什么成绩，这类企业就属于"行动"型。

不仅社会如此，放到个人层面上看，每个人也有不同的取向。一个人在对另一个人做出判断时，可能会着眼于他以往的经历，即"状态"，也可能会着眼于他目前在"做什么"，即"行动"。

近来，日本社会的部分领域内出现了实力主义、能力主义思潮，风险企业的活跃与野心企业家的涌现促使重视"行动"的新兴价值观崛起。然而整体上看，多数领域依然遵循着源自江户时代的身份制度的村庄型社会传统。

如今的日本社会虽然出现了实力至上的价值观，但重视状态的价值取向依然根深蒂固。

---

[1] 丸山真男从参与太平洋战争、经历广岛原子弹爆炸事件的过往出发，基于对"日本为何战败"这一问题的分析发展出了自己的研究领域。他看出日本社会是一个"随波逐流"，忘记了过去的经验教训，对于责任含混不清的"无责任体系"，精准地指出日本是"章鱼罐型社会"。作为日本战后的知识分子阶层引领者，丸山真男的思想极大地影响了后世。

"你是平民，我是武士，你就要给我下跪磕头"——日本社会是一个"状态"（即身份）决定举止的社会。这样的传统演化到现在，就成了聚会上交换名片时，产生了优越感的一方内心出现的"你毕业于某某大学，在某某单位上班，看来我比你好"这样一种意识。

与他人交换名片后生出优越感的人，倾向于通过对比"所属组织"与"状态"证明自己的能力，这是日本社会沿袭已久的不良风气。

而在重视行动的社会里，诸如此类的比较（对方过往的经历与公司如何如何）完全没有意义。个人的成就感与骄傲感只来自"尽情发挥自己的能力，认真投入充满挑战的任务"等"行为"，而非与他人之间的状态对比。

比如，在纯粹靠实力说话的制造行业，与他人对比孰优孰劣就没什么意义，尽全力满足客户的需求才是王道。

这种投入全力的状态就是心理学家米哈里提倡的"心流体验"。

一生都在探索"人生如何才能幸福"的米哈里，最后得出了这样的结论："当任务的挑战性与操作者的技术能力达到平衡的时候"，人才会有活着的真实感，才能够肯定自我。

如果你面对的是必遭挫折的复杂任务，又早已预计到了将来的打击，那么从一开始，你就只会畏缩不前。但是，如果你面对的是能力范围之内的任务，套用些许技能即可完成，过程中不会经受任何打击，那你又很容易缺乏干劲。

所谓"挑战与技能达到平衡"，就是指"任务难度处于'可能办不到'与'绝对能办到'之间"，也就是以自己的能力，努努力能够做到。

米哈里把埋头做这种事情时的状态称作"心流体验"（又叫"最优体验"）。处于这种状态之中时，人会全神贯注，忘记时间的流逝。能力发挥到极限时，人就没有余力去关注其他事情，这样的专注会令人体味到内在的兴奋与幸福[1]。

我们本应从每日践行的"心流体验"中获得生活的真实感与自我肯定，然而，因为这样的体验久未有之，我们于是偏向了与他人比较过往的状态，由此就在潜意识里产生了想要轻松体验到优越感的懒散情绪。

有些人平日沉迷于工作、研究，专注从事适应自己能力水平的任务，他们亲身体会到了"心流体验"，内在满载对自我及自身能力的肯定。像这样的人，就不会产生与他人比较状态的心思，更没有这样做的必要[2]。

　　　　全心投入某件事情时，人们将没有余力关注自我。

---

[1] 不止一位哲学家的思想与米哈里相近。包括认为"人类的幸福"体现在完全履行了生来被赋予的功能（美德）之时，"幸福就是灵魂按照美德活动"的亚里士多德，以及认为"一个人的能力需要发挥，并且，他渴望看到发挥能力以后的结果"的叔本华。

[2] 英国哲学家罗素在其著作《幸福之路》中阐述的思想与之相通。《幸福之路》中提到，"我逐渐学会对自己和自己的缺点漠不关心，逐渐学会把注意力更多地放在外界的事物上"。就是说，在把精力从自身的状态转移到感兴趣的对象身上，一心做些什么事情之后，他开始感觉到了幸福。罗素的《幸福之路》与阿兰的《论幸福：幸 （转下页）

这是米哈里说过的一句话。处于"心流体验"当中时，人会忘记他人，甚至是自我的存在，进入忘我状态。

如果你常常在无意间拿自己跟别人比较，在意自己不如他人，不妨寻求忘我的"心流体验"，在适宜的领域内积极探索良机，参与适于自身能力的挑战性任务[1]。

（接上页）福的艺术》、希尔蒂的随笔《幸福论》被并称为世界三大幸福论。套用罗素在《幸福之路》中的阐述来讲，如果说阿兰提出的是文学层面的幸福论，希尔蒂提出的是宗教层面的幸福论，那么罗素认为"每个人都能通过完满的努力获得幸福"的思想所阐述的，就是贴合现实的、人人皆可抵达的幸福论。

[1] 近年虽有显著变化，但总体来说，在目前的社会环境中感受"心流体验"依然没有那么容易。三岛由纪夫在随笔《关于努力》（收录于《新恋爱讲座》一书）中说过这样一番话，"人类发挥出百分之百的能力时，性情倒不可思议地变得生机蓬勃起来"。"其实最令人痛苦的不是努力这件事"，"要知道，对具备某种能力的人来说，最折磨人的憋闷与痛苦就是受到限制，无法发挥自身的能力"。"我们的社会把努力当作美德，致使我们几乎未曾触及这个社会特有的拷问——我们是否在强迫有能力的人特意放慢步调。"如何在三岛由纪夫笔下的"我们的社会"中营造出"能够体会挑战与技能处于微妙平衡的经历，即心流体验的工作环境"呢？这已经成为一个亟待解决的问题。

米哈里的答案

最美好的时光往往发生在当人们
身心发挥到极限，自愿去完成一
些困难而又值得尝试的事情时。

推荐图书 :《当下的幸福 : 我们并非不快乐》

本书将古今中外人人都在谈论的体验归纳进"心流体验"
的理论中，对此展开实地调研。书中阐述的幸福论简明地解答
了"什么是值得过的人生"，与亚里士多德的"实现活动"（见第
5 页）观点相通。"心流体验"还能为我们解决"在意他人眼光"
（见第 102 页）的烦恼。

渴望受到他人认可与追捧

雅克·拉康早已给出答案

雅克·拉康 1901—1981

    20世纪的法国哲学家、精神科医生。在受弗洛伊德精神分析学说影响的同时,雅克·拉康又以结构主义的视角发展了精神分析学说。他基于"人的欲望就是他者的欲望"发展出的"对象a""大写的他者"等理论,在经历了与德里达之间的争论与多番批判后,如今依然拥趸甚众。

心理学家马斯洛提出过著名的"需求层次理论"。在马斯洛构建的需求金字塔中，性欲、食欲、睡眠欲等生理需求是基础，往上分别是对安全、归属与爱的需求，更为高级、奢侈的需求则是"获得认可的需求"（也即尊重需求）。

在现代，人们的生理需求与安全需求已普遍得到满足，而"获得认可的需求"依然是奢侈品。

而且，人们渴望获得认可的需求还在不断膨胀。[1]

网络世界的成熟是促使这种社会现象产生的背景。

如今，任何人都能在网上发布自己的想法。相对地，人们就会因自身言论收获的评价喜忧不定，致使渴望获得认可的需求受到过度刺激，发展到不受控制的地步。

社交软件的设计最大限度地刺激了人们秀生活、秀内涵等的需求，这场游戏的成败则取决于他人的实时回应。

当"获得认可的需求"得到了霎时的满足，人们很快又会苦思如何再次获得认可。这很容易让人们陷入恶性循环。社交软件并未以健康的方式满足人们渴望获得认可的需求。

---

[1] 当代具有代表性的斯洛文尼亚哲学家斯拉沃热·齐泽克举过这样一个幽默而带有色情意味的例子：假设一个男人与一个非常漂亮的女演员单独待在无人岛上，即便男人能够与女演员做爱，他也不会因此感到满足，除非两人玩起角色扮演游戏，女演员在自己脸上画胡子，扮演男人的男性友人，听男人向这位"男性友人"炫耀自己与女演员的情事。如此一来，男人才会得到满足。齐泽克说："性往往带有轻微的暴露倾向，依存于他者的视线。"性欲的满足很大程度上也关系到获得认可的需求的满足。

法国精神分析家雅克·拉康适时上场。

拉康论述了幻想如何支撑着人类渴望获得认可的需求，以及无论多么努力，人类的这一需求都不会完全得到满足。他的精神分析理论正适应如今的网络时代。

他进一步深入弗洛伊德提出的"无意识"理论，认为现实里的个体，即他者，属于"小写的他者"，而个体的无意识领域里，还存在"大写的他者"。拉康认为，人类渴望获得认可的需求具有可怕的欺骗性，除了"小写的他者"，人们还要同时感受到获得了"大写的他者"的认可，只有此时，这一需求才会真正得到满足。

"小写的他者"是一个简单的概念，指"存在于现实的个体"，即与自己生活在同一时间、真实存在的每一个人。在网络世界，"小写的他者"就是即时回应自己的"网友"，社交软件上给自己点赞的密切往来账号。

而"大写的他者"则是一个抽象概念，一句话概括，就是象征化了的、宏观的他者，是"神"。

或许可以这么说："大写的他者"实际上是不存在的，但我们却总会意识到它的存在。"大写的他者"有很强的权威性[1]。

---

[1] 文化人类学家克利福德·格尔茨曾实地探访印度尼西亚巴厘岛的斗鸡文化，发表了民族志研究论文《深度游戏：巴厘岛斗鸡笔记》。格尔茨在其中指出，痴迷于斗鸡游戏的男人们在下注赌博时，不只将自己的感情转移到斗鸡身上，与之合二为一，更进入了某个超出赌博意义的深层领域，由此感应到支配着斗鸡世界的"隐形的宏观（转下页）

深夜的十字路口不见人影车影，人们依然无意识地等待绿灯亮起，这也是"大写的他者"带来的效应。

还有一些人有着高尚的需求，希望名垂青史，希望自己的大名能够被载入史册等。他们希望获得的也是"想象中的后人"这一"大写的他者"的认可。

拉康认为，如果没有得到"大写的他者"的认同，获得认可的需求就不会真正得到满足[1]。

即便一个人发在网上的动态当天收获了100个赞，只消一周，这种来自"小写的他者"的被认同感就会烟消云散[2]。

（接上页）存在"，并与其合二为一。换句话说，所谓"隐形的宏观存在"就是"胜负只有神知"的"神"。这个真实的直接事例生动地体现了"大写的他者"（参考：植岛启司《运气大于实力》）。

[1] 拉康认为，人类的欲望要经过"大写的他者"认定，而确切来说，人们追求的是存在于现实中他人的欲望里的、由超出了自身与他人的宏观存在（大写的他者）决定的自身形象。这可以用数学的方式来表达：设 x＝自己，y＝现实中的他人，$y/x = x/(x+y)$＝a。求解这个算式，则 $a = (\sqrt{5}-1)/2$。这是黄金分割数值。只有当人们在他人身上看到了自己映射出来的"对象a"时，比如，当现实中的他人完美解读了某人从事某项工作的意图，给予某人好评时，这个"某人"才会得到满足。然而，$(\sqrt{5}-1)/2$ 是一个无理数，从这一点上我们也能够得知，得到满足没那么简单（参考：新宫一成《拉康精神分析》）。

[2] 美国斯坦福大学人类学家勒内·基拉尔与拉康思想一致，他说"人类的欲望就是他者欲望的模仿"。（因最先投资脸书而为大众熟知的）彼得·泰尔是受基拉尔思想影响的众多创业家、投资家之一，他从基拉尔的理论中认识到，"人们为获取认同感与他人在同一条件下竞争，因此错失了真正重要的真相"。于是，他把"人人相信是A，但其实是B"，即"逆向思考"作为自己的行动指南，与特斯拉CEO埃隆·马（转下页）

"我要让自己的作品在百年后依然触动人心。"[1]像这样豪气的需求，只能通过"大写的他者"得到满足。

江户中期的画师伊藤若冲是如今日本美术史上最受追捧的画师。2016年，他的画展上看展队伍排成长龙，使伊藤若冲这个名字变得广为人知。而在伊藤那个年代，他的画风十分另类，并未获得时人的肯定，但他不以为意，一心扑在需要付出极大努力的绘画事业上。伊藤将代表作《动植彩绘》敬奉给相国寺[2]时，曾说"慧眼之士须待千年"（再等一千年，才能等到懂我画作的人）[3]。不过，伊藤死后不过两百年，其画作就得到了中肯的评价。

我们就要像伊藤这样，在无人关注的事项上孤军奋战，坚

（接上页）斯克展开竞争（后转为协作），通过支持特朗普政权等举措，发展起自己在IT大本营美国西海岸的独特影响力。他这样评价被社交软件牵动情绪的人群："他们想要空中飞车，而真正属于他们的却只有发在网上的那140个字。"

[1] 引自浅田彰基于拉康理论发表的言论［见莲实重彦×浅田彰对话《"空白年代"之后的二十年》（收录于《中央公论》，2010年1月号），以及浅田彰×福田和也对话（收录于《SPA！》，2014年2月11、18日合订号等）］。浅田在对话中表达了自己的担忧，他认为网络时代的年轻用户过于看重社交软件上别人对自己的评价，提不起劲去做于时代有益的大事。

[2] 相国寺是日本京都市的一所佛教寺院，始建于永德二年（1382年）。

[3] 古希腊历史学家修昔底德常被拿来与希罗多德相提并论，他总结了间接致使苏格拉底被判死刑的伯罗奔尼撒战争开战前的历史，编写出《伯罗奔尼撒战争史》一书（这本书的英译本就是霍布斯的第一部著作）。在书中，修昔底德宣称："我所做的记录剔除了传说。因此，或许很少有人读起来觉得有趣。但是，只要认为今后的历史也将沿袭过往的人，在回首探寻过往真相的时候，能够认同我写的历史存在价值就足够了。我做记录不是为了讨好如今的读者，获得奖励，而是为了留下世世代代的遗产。"2400年过去了，如今，我们依然在读这本书，把它当作全人类共同的财产。伊藤若冲与修昔底德的共通点在于，他们眼中所见的不是当时的世人，不是"小写的他者"，也正因此，才得以青史留名（得到"大写的他者"的认可）。

持到底。如此，我们独创的价值才真正受得起"大写的他者"的认可，我们自己也会打心底里感到满足。如果没有产出长期价值，没有超出流于表面的彼此互认，我们就不可能真正得到他人的认可与尊敬。

我们要独自燃烧激情，埋头钻研充满挑战的某项事业。为此，就要远离那种简单短暂的认可游戏，从联系过密的网络环境中抽离，把自己的眼光放在悠长的历史中，探寻不为人知的种种资料，埋首其中。这种脚踏实地的行为才是我们应有的行为。

这个时候，走得慢也不失为一件好事。旁人看来，这样的人或许有些怪异，但在沉迷其中的当事者看来，即便孤独平凡，自己依然愿意享受其中，甚至忘记时间的流逝。哲学家斯宾诺莎就是如此。他生前辛勤写就了被誉为现代《圣经》的《伦理学》，这部著作在他死后才得以发表。斯宾诺莎说过，"我找到了真正令我欢喜的事情，财富、肉欲、荣誉在它面前统统不值一提"。

人类为什么能够如斯宾诺莎那般沉迷于某件事情呢？指引了拉康的哲学家黑格尔是这样解释的：

> 从事某件宏大而艰难的事情时，与"大写的他者"
> 具有同样功能的"事情本身"会转向内部。

什么意思呢？

"事情本身"就是指人们认为自己从事的事情或任务应该具备的样子，或者说理想中的样子。当事者的心里有对这件事情的刻画，他希望自己正在做的事情与自己内心的刻画达成一致。在这样的念头引导下，当事者就能够专注于眼前的事情。

进入无神时代，人类并没有陷入空虚（即虚无主义，请参见第66页脚注），而是走向了现代化。黑格尔是这样揭示这段历程的：人们不再憧憬神，而是追求理想形象，各个领域的表达不断精练，这个永无止境的过程使现代人得以追求生存价值。

从可着手之处着手，投身到令自己狂热，不足为外人道，不知是否会受到他人褒赞的事情中去吧。瞄准转向自身内部的"大写的他者"——"事情本身"，不断试错，专注其中。等到最终完成的时候，你自会轻松迎来"小写的他者"，亦即现实中他者的认可。

雅克·拉康的答案

只有在获得了"大写的他者"而非"小写的他者"的认可时，人才会觉得满足。

推荐图书:《斜目而视:透过通俗文化看拉康》

　　拉康本人的著作深奥难懂，也因此，对拉康的思想展开解读的图书为数众多。建议大家先读"世界上最接地气的哲学家"齐泽克所著的这本入门读物。它通过分析希区柯克等人的知名电影，趣味解读了拉康的精神分析思想。

减肥大业难以为继

约翰·穆勒早已给出答案

约翰·穆勒 1806—1873

又译为约翰·密尔，英国哲学家。他批判性地继承了以"快乐计算"闻名，同时又是父亲友人的边沁所提出的"量的功利主义"，延伸出"质的功利主义"。约翰·穆勒与父亲同在英国东印度公司供职，其间他在印度的思考与发现也影响了马克思的《资本论》。

工业革命时期，"功利主义哲学"在英国发展起来。

功利主义哲学认为，"能够增多幸福总量的行为是正确的，而令痛苦总量增多的行为是错误的"。功利主义哲学重视快乐与痛苦的数量胜过"道德正确"与"质量"，重视结果胜过内在与过程，从某种意义上来说，是一种很势利的哲学。

功利主义哲学反映了经济发展、民众生活变富裕的时代背景，它建立在全然理解人们以快乐和痛苦，而非理性与美德衡量生活的基础之上。

这种思想也迎合了现代受欲望驱动的我们。

沿着功利主义的这一基础思想来看，"停止减肥""惰于减肥"就是快乐的一种。

甜食、夜宵放肆吃的快乐，简直无与伦比。

下定决心要减肥，然而深夜里总忍不住想吃泡面。这种强烈的欲望有时会压制"我要减肥"的理性与"吃夜宵会长胖"的常识。它的快乐程度实在太强烈了，令人难以抵制。

功利主义哲学打破了向来追求"正确"与"善"的哲学传统，深入人类的本质，重视快乐的强烈程度。其首倡者是边沁，19世纪的英国哲学家约翰·穆勒则将边沁的思想进一步深化。穆勒提出，快乐不仅有"量"，还有"质"。人在面临两种快乐时，会选择其中更加优质的一种。

确凿无疑的事实是，对两种快乐同等熟悉并且能够同等地欣赏和享受它们的那些人，的确都显著地偏好那种能够运用他们的高级官能的生存方式。极少有人会因为可以尽量地享受禽兽的快乐而同意变成低等的动物。(摘自《功利主义》第二章)

即便同为快乐，各种快乐也有"质"上的差异。穆勒认为，相对于放肆吃想吃的食物这种低水平的兽类快乐，认识到存在高水平快乐的人会选择高水平快乐。

以减肥来说，如果拒绝眼前的甜点和深夜的美食带来的诱惑会得到某种快乐，那么这种快乐就是"高级快乐"。它或许是节食后小肚子变平坦带来的"成功瘦身"的成就感，或许是"我遵守了与自己定下的减肥之约"带来的自信(相信自己)。

那么，穆勒凭什么断言，了解高级快乐的人不会选择低级快乐呢？难道是因为，回到"人们靠快乐而活，不是靠理性"这个前提上看，高级快乐的强烈程度超过了低级快乐？与其败给美食当前的诱惑，不如忍受痛苦，变成自己想成为的样子，因为这种成就感更加令人感到快乐——这样的说法确实也很好听。

可是，为成功瘦身的自己感到骄傲的快乐，真的能够强烈到足以令人拒绝眼前的美食吗？

穆勒是这么说的：

关于这种偏好，我们可以任意地做出解释……但它最合适的称号却是一种尊严感，这种尊严感人人都以某种形式拥有，并且与他们拥有的高级官能成某种比例……在自尊心很强的人中间，这种尊严感还是构成其幸福的一个不可或缺的部分，乃至任何有损这种尊严感的事物，除一时之外，都不可能成为他们的欲求对象。（摘自《功利主义》第二章）

人一旦了解了高级快乐，就不会想再回到低级快乐中去。了解高级快乐的人不会再让自己堕落成"满足于低级快乐的卑劣之人"。穆勒说，这是因为人们有了"尊严"，即骄傲，他们骄傲于自己是了解高级快乐的人。

这份骄傲促使人们抵御眼前卡路里超标的甜点与油腻食物的诱惑。他们克制眼前的欲望，最终成为"想成为的样子"——这样的经历令他们对自己感到骄傲。融入记忆里的骄傲又成为抵制眼前诱惑的后盾。对此，穆勒举出如下有名的类比：

　　做一个不满足的人胜于做一只满足的猪，做不满足的苏格拉底胜于做一个满足的傻瓜。如果傻瓜或猪有不同的看法，那是因为他们只知道自己那个方面的问题。而相比较的另一方即苏格拉底之类的人则对双方的问题都很了解。（摘自《功利主义》第二章）

减肥坚持不下去，你需要再逼自己一把，让自己得到一次瘦下来的成功经历。这次经历会让你感到骄傲，而骄傲又会令你克制"低级快乐"，继续坚持下去。

那么，"减肥从没成功过"的人又该怎么办呢？

根据穆勒的理论，你可以回想除了减肥之外，自己曾经拒绝眼前的诱惑，坚持到底的其他成功经历。你肯定有过这样的经历。那么，不妨回想从中得到的骄傲感，尝试拒绝将于今晚袭来的甜点诱惑吧。

约翰·穆勒的答案

对于不愿堕入卑劣的偏好，其最合适的称号就是尊严感。

推荐图书:《论自由》

穆勒的功利主义哲学有别于边沁提倡的"最大多数人的最大幸福"，他主张女性应有参政权，维护殖民地黑人的权利，尊重受多数派凌虐的少数派。穆勒还写过《约翰·穆勒自传》，书中谈及自己从三岁起就学习希腊语，接受父亲的精英教育，以及精英教育起到的反作用，读起来也很有意思。

总是隐约感到不安

托马斯·霍布斯早已给出答案

托马斯·霍布斯 1588—1679

17世纪的英国政治哲学家。他因受清教徒革命中议会派的迫害流亡法国，在法国创作出《利维坦》一书。霍布斯与恐惧共生，一生都在研究恐惧。他客观冷静的人性观开启了近代哲学的先河，与崇尚"性善论"的卢梭并称为社会契约论之父。

目前的工作是不是真的一切顺利呢？有没有被谁拖后腿，被谁抢先？能不能赶上交付日期呢？公司的同事有没有背后说我坏话，挑拨离间呢？我喜欢的人现在在做什么呢？他说在工作是真的吗？会不会私下去和别人幽会，现在正和那个人睡在一起呢？

思绪万千，夜晚辗转难眠。放假的时候依然安不下心，看起来是在放松，其实大脑里的某个地方还在不断被工作和人际关系的问题拉扯着。

许多现代人都像这样，怀着满腹心事，内心想着要是能够偶尔得到自由，清空所有不安，那该有多好啊。

然而却有哲学家说，人生来即是如此。说这句话的人，是17世纪的英国哲学家托马斯·霍布斯。他认为，恐惧和不安是人类最深层次的情感。

这究竟是什么意思呢？

霍布斯认为，人是自私的生物，人活着就是为了自己，就是为了让自己幸福。并且，每个人拥有的追求幸福的力量都是相同的，每个人的机会都是均等的。

因此，所有人都活得战战兢兢，总是担心生命与财产遭到掠夺，或者被别人抢占了先机。霍布斯说，这种状态才是人类原本的姿态，即"自然状态"。

在霍布斯所处的时代，英国正处于清教徒革命的浪潮中。主张国王专权的保皇派与主张民主分权的议会派矛盾尖锐。所谓的"自然状态"，是霍布斯在目睹了以血洗血的战争状态之后总结出来的一个概念，是一种真实而又尖刻的人性观。

暴力而野蛮的"自然状态"思想认为，只要弱者们联合起来，攻其不备，就能够杀死任何一个力量强大的人。因此，任何人都有不知何时"死于非命"的危险。大家互相监视，以至于欺骗、抢夺都可以算是美德了。除"我"之外，皆是敌人。人们疑神疑鬼，似乎一旦熟睡必遭杀戮。这是万人参与其中的战争状态，人能够依靠的只有自己的力量。

霍布斯认为，在这样的状态里，"至死方休的恐惧"和"与其随时暴露在恐惧中，身体承受不住，不如停止互相伤害"的"理性算计"必将促使人们进行战争调停。

那么，大家就要选定某个人为高出自己一头的"主权者"，将自己所有的权限让渡给"主权者"，并服从"主权者"的命令，由此得到人身安全的保障，脱离监视彼此的战争状态。这就是"社会契约论"[1]。

"高出众人一头的伟人"可以是权威的国王，也可以是多数人集聚在一起共同决议的合议政体（一般认为，霍布斯之所以

---

[1] 另一位社会契约论之父、启蒙思想家卢梭认定的"自然状态"与霍布斯恰恰相反。卢梭认为，在原始的自然状态中，人们对他人怀有怜惜与善意，遇到困境会互相分享食物，大家互帮互助。然而私有制诞生后，人们开始有了"从这儿到那儿是我的土地！"的思想，彼此划分界限，于是大家互争地盘，由此诞生了战争状态。卢梭肯定自然状态，倡导"回归自然"，从中发展出了"直接民主制"的构想。"直接民主制"为后来的法国大革命奠定了思想基础。

成为革命相关势力的眼中钉，是因为他并未明确表明自己是支持一人专制的"王制"还是支持共同决议的"共和制"）。

霍布斯把由多人组建、带有"国家"人格的"合议政体"比作《约伯记》（《圣经·旧约》中的一卷）中出现的怪物利维坦。他最主要的著作《利维坦》的原版书封面上就画着一个高举剑与权杖的怪物，它的身体是由无数人构成的，这些人就像一片片鳞甲一样。这个封面展示的正是手握世俗与宗教权力的、拟人化了的国家主权形象。

言归正传，除"我"以外，所有人都会对追求幸福与野心的"我"造成威胁。在这种"人对人像对狼一样"的自然状态（相当于战争状态）下产生的"恐惧"，就是人类最深层次的情感。霍布斯的这种人性观时至今日依然有现实意义。

霍布斯的母亲听闻西班牙舰队来袭，惊惧之下早产，生下了霍布斯，因此霍布斯说自己是与"恐惧"一同诞生的。正如"我一生的热情都给了恐惧"这句话所言，他用"恐惧"构建了自野蛮的战争状态至近代化国家统治的、人类社会发展的脉络。可见，生活在残酷而不见终点的内战之时的霍布斯从心底里期盼着战争的终结。

如今，我们已迎来数字化经济高度发达，甚至大大超出国家及法律管制的时代。在现代社会，社交软件使"互相监视"变得更加容易，人们能够轻而易举地诘问、摧毁名人，甚至抹杀其社会地位。从某些方面来说，这与500年前霍布斯描述的"自然状态"如出一辙。

借用在竞争激烈的硅谷成功生存下来的一位首席执行官所言的，现代"自然状态"下的生存规则，就是"只有偏执狂才能生存"。这句话颇有霍布斯的遗风。

沉湎于成功，就会失势倒台；人前得意忘形，就会被人下绊子扳倒。所以，人们时时警惕，保持低调，放低身段，不树外敌，并不断复盘点点滴滴，反省自己有没有疏于防守。

在霍布斯的"自然状态"下，要想生存下去，"恐惧的力量"必不可少。现代社会也一样，"胆怯"是生存下去的条件。

因此，希望人生顺遂的人[1]就要决心接受满心不安的状态，因为这样才是令人生顺遂的标准状态。他们要这样告诉自己：在担忧中小心过活，才会迎来明天的辉煌[2]。

---

[1] 古希腊哲学家伊壁鸠鲁说："安然睡在稻草垫上，强过拥有黄金打造的床与华美的餐桌，内心却惴惴不安。"社会上功成名就的人逃不开报纸杂志的快讯和网络舆论，甚至可能因为忧思过重而陷入不幸。他们也有他们的烦恼。

[2] 霍布斯活到了91岁，在当时那个年代十分罕见。他认为大声唱歌是长寿的秘诀，因此每天都要唱歌。但他似乎又对自己的歌声缺乏自信，每次唱歌前都要确认四周情况，关紧房门。

托马斯·霍布斯的答案

我一生中唯一的热情，献给了恐惧。

推荐图书：《利维坦》

　　本书以真实解读人类自然状态的近代化眼光，论述了积极的和平始于不信任人性的消极观这一物力论。插句题外话，本书原版封面图是一个由无数人构成的人造人，这个主题也是江户时期的浮世绘画师歌川国芳偏爱的作画主题。

在意他人眼光

米歇尔·福柯早已给出答案

米歇尔·福柯 1926—1984

　　20世纪具有代表性的法国哲学家。在知识的权威中心地法兰西公学院，福柯以"外部"视角批判性地分析了西欧的知识与权力。他在《规训与惩罚》和《性经验史（第1卷）：认知的意志》中分别剖析了规训与生命权力。福柯以"脱离自己"为信条，不断求变，晚年致力于研究、论述生存美学。

比起从事自己真正感兴趣的工作，更期待进入有名的大企业；挑选结婚对象时，更看重对方的家世、履历等世俗标准；不想参加的公司活动，最后还是去了……

大家有没有过这样的心理呢？

我们在意他人的眼光与世俗评价，想知道周围的人如何看待自己，因而无法忠实于内心而活。我们看重体面，总是无法随心所欲地做自己真正想做的事情。人为什么会在意他人的眼光呢？为什么相比自己真正的想法，更看重他人怎么想呢？

让我们跟随米歇尔·福柯的人生轨迹，来深入探究这样的烦恼吧。

福柯是法国哲学家，他从历史的角度分析了他人的眼光如何影响人们的言行举止。

虽然自青年时代起，福柯就是优等生，但他同时也因自己同性恋的身份感到困扰。在与精英意识强烈的同伴的往来中，他感到苦闷，整个学生时代动荡而又充满苦恼。

进入法国最高学府巴黎高等师范学院后，福柯因同性恋身份受到歧视，曾两次自杀未遂。

那时，是巴黎高等师范学院的教师、哲学家路易·阿尔都塞将福柯从痛苦中拯救了出来。他把医务室里的一个房间专门留给困扰中的福柯，建议福柯"用工作克服病症"。自那之后，福柯开始全身心地专注于自己的研究。

去大学任职后，福柯创作了初期著作《古典时代疯狂史》。此外，他的《词与物——人文科学考古学》也畅销一时，使他成为那个时代的宠儿。其后，福柯就任法国学术殿堂法兰西公学院教授，成为自萨特（见第55页）之后的又一位法国代表性知识分子，为后世留下了多方面的研究成果。

福柯的研究可大致分为三个阶段。

早期，他撰写《词与物》，分析了当时处于支配地位的"知识谱系"。后期，他在《性经验史（第2卷）：快感的享用》和《性经验史（第3卷）：关注自我》中阐述了"自己"的生存美学。在两者之间的中期，福柯创作了《规训与惩罚》和《性经验史（第1卷）：认知的意志》，透彻地剖析了监视个体的近代"权力"之构造。

福柯着眼于能够监视全部囚犯的建筑构造——全景敞视系统，把它视作近代国家权力的典型构造。下页图即"全景敞视"的设计，就是在围成一圈的单人牢房中央建一座高耸的监视塔，监视者就在塔中环视四周情形。

实际上，监视塔的塔身遍布单向镜，单人牢房里的囚犯根本看不清监视者是否在塔里。然而即便塔里没人，"正在被监视"的危机意识也会让囚犯们自己约束自己。

这样的建筑结构是基于哲学家边沁的功利主义理念构想出来的。边沁认为，"要增加整个社会的幸福，就必须提升罪犯和社会边缘人的幸福感"。

近代的全景敞视系统

　　然而福柯从中读出了另一层意思。他指出，全景敞视系统就是近代以来支配众人的权力象征，是一个因"隐形的他者"而束缚自身行为的现代生活方式的模型。

　　人们活在他人的眼光之中，最终将他人的眼光"内化"进自身。哪怕别人事实上并没有关注自己，自己也依然一厢情愿地觉得别人正在盯着自己，进而演变成自己监视自己。

　　于是，人们常常要思考自己的行为是否怪异，是否合乎规矩，并以诸如此类的标准来约束自己的言行。这就是福柯描画的近代人的心理构造。

　　这样的心理在"大家必须一致"的隐形压力空前强大的日本

社会尤为明显。人们不能有别于他人。可以说，日本社会在暗地里强迫所有人进行自我控制，与他人保持一致。学校里，老师问学生"有没有问题"时，几乎没人会举手提问。日本社会充满了"同辈压力"（peer pressure），所有人都"察言观色"，自我约束，即便明面上的规则并未对人们提出此类要求。

对促使人们作茧自缚的权力装置给予批判性分析的福柯，在其著作《性经验史（第1卷）：认知的意志》出版后的八年间，始终保持着谜一样的沉默。一般认为，这是因为他看到了权力大于一切，且并非掌握在特定的某个人手中，而是渗透到人群中的每个角落里，所有人都处于这一恶魔般的权力之下（福柯称之为"生命权力"）的世态，因而陷入了某种虚无主义。

此后，他的研究事业迎来转机——加州大学伯克利分校聘请福柯任教。在美国西海岸的明媚阳光下，在同性恋者社团自由奔放的社团经历中，福柯开始倾向于古希腊人、古罗马人"自己管辖（而非压抑）自己"的道德观[1]。1984年，福柯因身患艾滋病而离世，生命戛然而止，对人类应有的生存方式的探索也止于未竟。

晚年的福柯喊出了"我们要拼尽全力做自己"的口号（《同

---

[1] 晚年的福柯以古希腊、古罗马人的性欲道德为自己的道德准绳。在古希腊、古罗马人眼中，性爱就是一种通过自我控制快乐，自我管辖，而在他人面前显示出高贵的游戏。他们认为，一个人不用在意他人的眼光，也不用靠法律和戒律来约束自己。这是一种在自由放任性欲的同时，通过与恋爱对象之间相互的、对等的友爱（假如用动词"态"的概念来解释，它既不是"主动态"，也不是"被动态"，而是"中间态"），来自我发掘适用于自己的标准与限度，并了解到什么程度算越界、到什么程度该折返的生存美学，是在管辖自己、锤炼自己的行为中探索稳定的快乐，而非贪恋性快乐的生存伦理。

性恋与生存美学》^[1]）。

当然，这并不是倡导所有人去当性观念上的同性恋。福柯把同性恋当作了那个时代受到社会打压的生存模式，以此倡导人们改组当前的社会结构，建立起前所未有的与他者之间的崭新关系。

所以，对于"在意他人眼光"的问题，从福柯的哲学思索出发，我们可以这样想：

如今支配世俗的常识、"默认规矩"、周遭人的眼光，真的有它们理当存在的依据吗？从历史的视角来看，这个问题尚存疑义。世界要求我们具备从身边诸事开始改变既定常识的勇气，如此才可以尽可能自由地发挥自身的能力与魅力^[2]。事实上，进入21世纪后，同性之间的婚姻关系已经得到了许多欧美国家的认可。

假如你是一个会对易受传统常识束缚的世俗与周遭不合理之处妥协让步^[3]，把世俗观念与他人眼光当作第一大标准的人，那就要做好自我控制，并心怀勇气，自由、努力地活出自我。

福柯离世三十多年后的今天，这种追求正是整个社会的大势所趋。

---

[1] 原书名为"同性愛と生存美学"，日本新潮社出版，暂无中译本。它收录了1981年至1984年间人们围绕《性经验史》对福柯访谈的记录。

[2] 觉得不合适就说，想怎么活就怎么活，这样的行为与福柯晚年着重强调的希腊词"parrhesia"（直言）相通。"直言"就是"不加掩饰，道出真理的气概"。"直言"的鼻祖首推犀利至极、差点被当成奴隶卖掉的柏拉图，其次就是苏格拉底（见第199页）。

[3] 放弃某国立大学的助理教授头衔，专心走小说家道路的森博嗣，在其随笔《创造自由，自在生活》中写道："比起不合理的常识，我更愿意选择不合常识的合理。那是通往自由的道路。"

米歇尔·福柯的答案

我们要拼尽全力做自己。

推荐图书：《规训与惩罚》

　　这是一部以浓厚的法语文笔及考古学视角，阐明现代人生存之艰难的名著。福柯的拥护者德勒兹这样总结本书：除了国家的"规训权力"之外，现代人还承受着资本主义的"生命权力"（环境管理权力）的影响。福柯在创作本书时还参考了他的《性经验史（第1卷）：认知的意志》。

人际关系

人类所有的不幸都是因为无法独自安静地待在一个房间里。

——布莱士·帕斯卡（哲学家）

被人看不起

阿德勒早已给出答案

阿德勒　1870—1937

出生于奥地利的犹太人。他从自己在犹太人聚居区医院的经历中首创出"个体心理学"。阿德勒曾师从弗洛伊德，后与其决裂，最终与弗洛伊德一样，成为20世纪的代表性心理学家。阿德勒认为"自卑感"是理解人性的基础，"共同体感觉"是人性的核心，他近年因日本作家岸见一郎和古贺史健合著的《被讨厌的勇气："自我启发之父"阿德勒的哲学课》畅销而广受瞩目。

那个人的态度是怎么回事？

我为什么要被人愚弄、轻视、看不起？

活在这样的心理中，一些人失去自信，过得越来越艰辛。

这些人际关系方面的烦恼看起来似乎无关紧要，但对当事人来说却攸关生死。我们不妨从个体心理学的角度来思考一下如何减轻烦恼，如何深入理解人性，这将有助于解决我们面临的人际关系问题。

个体心理学是由与弗洛伊德、荣格齐名的阿德勒创立的。

阿德勒近年来因长期畅销书《被讨厌的勇气》一书受到大众瞩目，其心理学研究的核心真意有两点，一是"共同体感觉"[1]，一是"课题分离"[2]。"课题分离"是一个非常重要的思维，自我启发的经典著作《高效能人士的七个习惯》里就引入了这个概念。"课题分离"可用于解决发生在职场与校园里的"被轻视""被愚弄"的问题，个别场合下，还有助于解决主要发生在校园里的"霸凌问题"。

---

[1] 本文讨论的是烦恼，因此主要着眼在"课题分离"上，实际上阿德勒认为，人际交往的目的是拥有（某种意义上颇具黑格尔风格的）"共同体感觉"。"课题分离"与"共同体感觉"并不矛盾。阿德勒倡导在以冷静的头脑明确划分彼此责任（课题分离）的基础上，以温暖的内心探索彼此是否能够达成"目标一致"（共同体感觉），进而通过为他人做贡献、互帮互助，实现自我肯定。

[2] 译注："课题分离"是从日本转译过来的说法，国内也有沿用这一说法的现象。日语的"课题"可指代"问题""需要解决的任务"等。这一概念可理解为"问题分离""责任分离"等。

阿德勒心理学的基本方法，就是不管面对什么事情，都从"这是谁的课题"出发来思考。

举个例子，假如在一家公司里，上司和下属之间存在这样一个问题：下属不收拾自己的办公桌。"收拾办公桌"是谁的事情呢？下属是否收拾垃圾场一样的办公桌，是否在桌上乱丢乱扔，这都是"下属本人的课题"，而不是上司的课题。是否收拾桌子应该由下属自己判断，上司再怎么看不过去也没办法。

阿德勒心理学判定，上司如果命令下属"把桌子收拾一下"，就是干涉了他人的课题。一旦干涉了他人的课题，摩擦就无可避免。

阿德勒心理学解释说，一切人际关系问题，都是由干涉他人课题，抑或是被他人干涉课题引起的。

我们应从"这是谁的课题"出发，冷静判断哪些是自己的课题，哪些是他人的课题，清晰地划出楚河汉界来。

在此基础上，我们"不干涉他人的课题，也不让任何人干涉自己的课题"。阿德勒认为，做到了"课题分离"，人们在人际关系方面的烦恼就会得到改善。他的这一观点具有划时代的意义。

接下来，我们思考一下这个问题：我为什么要被人愚弄、看不起呢？

对于这个烦恼，"课题分离"有什么意义呢？

从结论上来说，"不想受人轻视"的诉求或许是"我"本人的课题，但"是否要轻视'我'"却是他人的课题。

即便受到他人的轻视，我们也无法介入其中，无法制止他人。所以，"轻视我的人，就让他轻视去吧"，像这样，把他人的课题与自己的课题分离开来，问题也就不会产生了。

换言之，问题并不是出在受人轻视这件事情上，而是我们把受人轻视当作自己的课题，并为此纠结万分。错把他人的课题当成自己的课题才是问题所在。阿德勒说："人们背负了他人的课题，因此才觉得辛苦。"

轻视我们的人，或许有着某种苦衷，让他必须依靠轻视他人才能够生存。我们无从判断他们是否有优越情结抑或自卑情结，更何况，那是他们自己的事情。

我们也一样，如果缺乏自信，将受人轻视"内化"为自己的课题，那也是我们自己的问题。或许，我们有应该努力改善的方面，尤其是人际交往中尚有欠缺的部分，又或许，一切只是优秀带来的负面影响。

无论属于哪种情况，那都是我们自己的课题，与他人无关。换言之，轻视我们的人与我们自己其实毫无干系。对方有对方的课题，我们有我们的课题。

阿德勒还说过，"人只有在觉得自己有价值的时候，才会有开展人际交往的勇气"。这么看来，我们或许应该不为外界的轻视所动，先充实自己的内在[1]。只要能够做到这一点，就一

---

[1] 冈本太郎也曾表达过对"受人轻视"的不屑。他说："真正重要的是为自己（转下页）

定能够做到"课题分离"。

"能做到的我努力做，实在做不到的我不强求"，这就是课题分离已经得到实现时的心理状态。达到了这个状态之后，我们即便在受到轻视的当下义愤难平，也不会让这样的情绪久久占据内心。

然而总有些时候，我们难免感到憋屈，无论如何都无法将自己的课题与他人的课题分离开来。

比如遭遇严重霸凌，深陷"活着没有价值"的心理之时。在这个时候，我们可以逃离当下所处的环境，强行分离自己与他人的课题。

"想想更大的共同体。"如阿德勒的这句话所言，我们不必勉强自己去学校、公司，可先暂且逃入像避难所一样的地方（比如图书馆等令人感觉舒适的特殊场所）。如果现在正处于最痛苦的时刻，这样做远远胜过寻死。然后，我们要做的只是继续坚持，直至克服或分离了痛苦，回归到认为"我有价值"的状态中。

我们只需活在自己的课题中，没必要承受他人的课题。我们只需过自己的人生，而非其他任何人的人生。

（接上页）感到骄傲，而不是在他人面前自傲。在他人面前维护自己的体面，其实是用他人的标准衡量自己。真正的体面，是即便受到他人的愚弄、轻视、嘲笑，依然能够感受到自己活着的价值。体面不是相对的，而是绝对的——这才是真正的体面。"
（摘自《怀毒：你能舍弃"一般人"吗》）

阿德勒的答案

把自己的课题与他人的课题分离开来。

推荐图书:《自卑与超越》

本书阐述的思想是《被讨厌的勇气》中所阐述的思想的出发点。书中说"改变了为人生赋予的意义,世界就会变得简单",论述了"人生就是关心同伴,为人类的幸福做贡献"及"共同体感觉"的主题。"课题分离"并非阿德勒本人的原话,而是根据唐·丁克迈耶[1]等人的叙述意译得来的概念。

---

[1] 唐·丁克迈耶(Don Dinkmeyer):哲学博士,美国专业心理委员会会员,佛罗里达州沟通与动机训练协会会长。他出版了35本著作,发表了数以百计的文章。

讨厌上司，难以相处

斯宾诺莎早已给出答案

斯宾诺莎　1632—1677

　　17世纪的荷兰哲学家，因提出在当时看来惊世骇俗的"神即自然"学说而遭教会驱逐。斯宾诺莎一生与威胁相伴，他的著作出版后，其支持者甚至遭到屠杀。斯宾诺莎不仅尊重哲学家，同时还尊重脑科学家的地位，他的思想在科学盛行的现代社会里光辉更甚。

17世纪的荷兰哲学家斯宾诺莎在论述人们如何才能幸福时谈道："人之所以怨恨人和世界，是因为他们认为人和世界拥有'自由意志'。"

顾名思义，"自由意志"就是"能够自主控制自身行为的意志"。

面对挑刺的上司，我们往往会想："这人怎么回事，就不能换个说话方式，让别人开开心心地工作吗？"而斯宾诺莎告诉我们，包括这样的上司在内，所有人都无法自己改变自己。也就是说，"自由意志"其实是不存在的[1]。

话里带刺也好，把下属的功劳据为己有也好，让下属为自己的过错"背锅"也好，这些行为都是由上司身处的世界决定的，比如他的原生家庭、成长环境、背景、工作经历等等。

> 在心灵中没有绝对的或自由的意志，而心灵之有这个意愿或那个意愿乃是为一个原因所决定，而这个原因又为另一原因所决定，而这个原因又同样为别的原因所决定，如此递进，以至无穷。（摘自《伦理学》第二部分）

---

[1] 和斯宾诺莎一样，16世纪的意大利政治思想家马基雅维里也认同人的自由意志是受到限制的，尊重将人生交托给命运的想法。他同时又说："为使我们的自由意志不至消亡……即便命运的一半确实由命运女神掌控，我认为剩下的一半……命运交托在我们手上。"他认为，"命运的威力所及之处，是人的力量未能提前应对抗争之处，（命运）朝着那个方向……猛烈地侵袭而来"，因此，"即便抗争……命运，也要由我们自己掌握命运"。这就是说，在危急时刻，人们不能把自己交给命运，而要发挥"自己的意志"。马基雅维里还说："比起那些行事冷静的人，命运更愿意被敢作敢为的人征服。"（摘自《君主论》第二十五章）

我们怨恨、嘲笑、感叹、抱怨、诅咒某人，是因为我们以为，令我们厌恶的那个对象会如我们所愿地改变自己的行为。

然而，对方的行为是由其出身、成长环境、情结以及自身所有的其他因缘决定的，是无法改变的。

任何事情的发生皆为必然，从一开始就已经注定了。

下一次，那个上司大概还是会说些可有可无的讨厌话[1]。

想通了这一点，我们其实会轻松许多。就像斯宾诺莎说的，安稳与幸福都是由外界赋予我们的。

一旦"理解"了对方，我们就能够放下自己对对方的诉求，变得宽容起来。

斯宾诺莎所处的时代，是一个神权高于一切的时代。在那个时候，思索任何事物都不能撇开神，人们受到了非常大的限制。

当时的哲学家们写的书中充满了神的身影，就连怀疑一切的笛卡尔，最终也承认神是绝对存在的（虽然这是在当时的时代背景下不得已而为之的事情）。

---

[1] 如果我们知道了让自己感到厌烦的人（上司、后辈）在其他人面前也会做出同样的举动，我们就更容易具备"斯宾诺莎式的理解心态"。换言之，当我们从烦恼于"是不是只对我这样"，转向"他本来就是那种人"的认知时，心态上就会放松许多。事实上，很多情况下，一个人对待他人的态度与对待我们的态度是一样的。

表面看来，斯宾诺莎也未能例外，他的书中频频可见"神"的字眼，然而实际上，他却是一位"无神论者"。

斯宾诺莎所说的"神"，不是我们平时说"Oh, my God！"时提到的God（上帝），而是整个的"世界"或"自然"。他认为，一切都是由世界或自然决定的。世界或自然就是斯宾诺莎眼中的"神"（这一思想称作"泛神论"）[1]。

在理所当然地认为"神绝对存在"的时代，斯宾诺莎何以能脱离（一神教的）神与基督教的干扰，独立思索世界呢？

这是因为，他是一个能够从无限接近于无的状态开始思索事物的人。

斯宾诺莎发现，基督教早已成为人们将搜刮钱财、发动战争、杀人变得正当化的思想手段。同时，他虽身为犹太人，却被犹太教视为异端分子，因而被驱逐出教会。

他匿名出版了批判《圣经》的著作《神学政治论》，后来身份败露，导致与他交往亲密的政治家遭到屠杀。自此，斯宾诺莎过上了每天提心吊胆的流亡生活。

出身于富贵之家的斯宾诺莎品行高洁，虽然身为犹太人，却摒弃了犹太人看重的"财富"，甚至放弃了父母丰厚遗产的继

---

[1] 与斯宾诺莎处于同一时代的微积分发明者莱布尼茨有一个独特的世界观，他认为整个世界都是由极微小的"单子"构成的，每个"单子"预先已被定好该做什么，它们按照预先的设置各自运动，但在整体上却保持了绝妙的和谐。莱布尼茨认为，现存的这个世界，就是单子构造最优的形式（莱布尼茨称之为"前定和谐"）。斯宾诺莎倡导"世界就是神"的一元论，莱布尼茨倡导"世界是由'单子'构成的"的多元论，两人曾有过接触，意见分歧巨大。但从他们都阐述"世界与人生该是什么样就是什么样，不会变成其他样子"的论点来看，两者的思想可以说是相近的。

承权，以及一流大学的教授聘任邀约，去追求"虽清贫却可自由思考的环境"，一生颠沛流离。

也正因出身富贵，他才能以冷静的眼光看待经济上的富足与政治上的地位。

据说，放弃了遗产继承权与大学教职的斯宾诺莎是靠着磨镜片的零工维持生计的，这份经历深刻影响了斯宾诺莎的哲学思想。宗教打着"让世界变得更好"的幌子发动战争，打击敌对势力，满足极端欲望，并大肆敛财的现实令斯宾诺莎感到厌烦，他想找到能够正确认识世界的"镜片"。

虽然镜片只能让人看清世界，而不能改变世界，但是斯宾诺莎内心坚信：用调准了焦点的镜片清晰地认识世界，对人们的内心健康与平和有着无比重大的积极意义。

斯宾诺莎追求的，正是这样一种镜片哲学。他的主要著作《伦理学》中就处处可见对于清晰认识世界的追求。斯宾诺莎自青年时代起笔耕不辍，花费数十年时间才完成这部巨著，然而《伦理学》最终也没在他生前出版。从这一点来说，斯宾诺莎并没有改变世界的欲望，他的研究动机仅仅在于提炼正确理解世界的方法。

斯宾诺莎的哲学教导我们心怀"理解"的态度，不仅对"讨厌的上司"要如此，对生活中遇到的所有困难也要如此。

> 但人的力量异常有限，而且无限地为外界力量所超过……但是，有时许多事情发生，与考量我们自己

利益的要求却大相径庭，我们也只好以宽大的度量去忍受，只要我们自己觉得我们已经尽了自己的职责，我们已竭尽所有的力量，但是无法避免此种不幸之事，并且觉得我们是整个自然的一部分，我们必须遵循自然的法则，[那么我们便会感到精神的满足]。（摘自《伦理学》第四部分）

人类没有改变既定命运的强大意志和能力，与其他动物、树木、石头没什么区别。只要这样去想，我们就能够放弃抗争，接纳命运的安排。

斯宾诺莎的哲学是"理解"，也是"接纳"，这对生活在压力巨大的现代社会中的我们来说是有用的。

明天，我们大概还是会遇到那个讨厌的上司，上司或许还是会满不在乎地说些不得人心的话，无知无觉地摆出一副泼人冷水的嘴脸。但是，我们可以把上司的话看作致使他说出那番话的人生经历以及他所处世界的外在显现，对其予以理解。如此一来，我们就能够获得内心的平静。

斯宾诺莎的答案

不嘲笑，不悲叹，不诅咒，只理解。

推荐图书：《伦理学》

这是斯宾诺莎在迫害中坚持写作，死后才出版的著作。就像咖啡师每天烘焙咖啡豆，整个人都会变得安宁一样，我们如果像斯宾诺莎那样思考事情，内心的宁静也会不期而至。

讨厌家人

汉娜·阿伦特早已给出答案

汉娜·阿伦特　1906—1975

　　出生于德国的犹太裔哲学家，二战时四处流亡，二战后活跃于美国思想界。汉娜·阿伦特曾与支持纳粹主义的海德格尔建立过恋爱关系，后来发表了批判法西斯思想的《极权主义的起源》。20世纪至近年，她受到越来越高的评价，热度持续不减。

最亲近的家人，却做出让你无法谅解的事，说出让你无法谅解的话；孩提时期，你的父母整天吵架……以往种种，让你对亲子关系感到无所适从，至今仍无法释怀。

如今的你，已经长大成人。你想缓和与父母之间的关系，于是常常回家与他们谈心，但总有些东西让你不可避免地回想到过去，和父母怎么都亲密不起来。虽然想着一家人就该开开心心，但根植于过往经历的"不知所措"与"厌烦"却始终挥之不去。

往极端了说，现代日本社会的杀人案件中，一半都发生在父母和子女之间，或者兄弟姐妹之间。二战之后，日本的杀人案件持续减少，但亲人之间的杀人案件却依然如故。原因当然包括父母年迈致使子女疲于看护，以及长期持续的经济低迷，但我们也不能忽视这样一个事实：近距离相处的家人之间，才更容易在内心深处的情感寄托得不到满足时，抱怨对方"不体谅自己"，进而生出憎恶对方的念头。

与家人关系紧张——对于这个问题，阿伦特的哲学思想将会给我们带来启示。

身为出生于德国的犹太人，汉娜·阿伦特在二战时辗转流亡巴黎、纽约。战争结束后，她没有回德国，而是就此在美国的大学（新学院大学[1]）开展自己的研究。

汉娜·阿伦特广为人知的，是她对纳粹德国"极权主义"的

[1] 新学院大学是美国一所高等教育机构，位于纽约，以人文社科研究著称。

批判，以及大学时代与因支持纳粹主义而受到批判的20世纪著名哲学家马丁·海德格尔之间的不伦恋。她身处这种无法简单地靠理性割舍的情感纠葛之中，开始研究诞生于20世纪欧洲的"极权主义"这一超常的"罪恶"。

所谓极权主义，就是（通过纳粹独裁政党的暴力统治）把集体摆在个人前面的思想。阿伦特最先做的，是用批判的眼光研究极权主义。

比起传统哲学重视的"思考"，阿伦特更加看重人们在现实生活中的"活动"。她将人的生存活动分为"劳动""工作""行动"三种。

其中的"行动"就是指人们在交往过程中，通过语言与行为在他人面前展示自己，表达自己是谁。"行动"涉及多种多样的人，具有"多样性"[1]。阿伦特认为，"行动"是人的三种活动中最高级的"成为人的条件"。

"行动"体现的是人与人之间的关系，因此一旦开启，未来会发生什么就无从预知，其导向的结果也飘忽不定。在与周围人的交往过程中，我们出于好意而做出的行动，可能会在不经意间伤害某个人。而伤害一旦造成，就无法抹去，人与人之间

---

[1] 阿伦特认为，"政治"就是发生在公共空间里的"行动"。市民来到（类似古希腊城邦广场的）公共空间，在人际交往中通过语言及行为表明自己的想法，展示自己的行动就是"政治"，它证明人类自由而富有多样性。在阿伦特看来，多样性就是指个性与想法完全不同的人之间，可以彼此碰撞意见，共存于这个世界。纳粹分子的"极权主义"虽然也是政治，却粗暴地将集体与民族置于优先地位，封杀个人的自由，特别是人类的多样性。从这一点上看，"极权主义"与合理的政治"行动"是背道而驰的。

也不会回到最开始的状态。阿伦特指出，"行动"具有"不可预测性"与"不可逆转性"两大缺陷。

伤害一旦造成则无法逆转。因此，如果不能从自己过去的行为当中解放出来，我们的行动能力就会一直受到过往的束缚，这无法帮助我们修复人际关系。

被父母说过不中听的话，没有从父母身上看到为人父母该有的样子，遭兄弟姐妹背叛……如果这些过往始终深埋在心底，家人之间的关系就会如阿伦特所说的那样，被曾经的"伤害"束缚，难以维系。这将阻碍人的自由，其中受阻碍最大的，会是我们自己的自由。

"行动"是人类固有的行为，当然可能产生错误。因此阿伦特认为，"行动"是可以得到救赎的：已经发生的事虽然无法挽回，但我们可以对此选择"宽恕"。

怨恨家人，不想再理会家人的心理只是一种"报复"心理，它不仅无益于终止最初的"罪恶"，反而可能会招致由"报复"引发的新一轮"报复"，让人们陷入无限的暴力循环。

而阿伦特倡导的"宽恕"，就是终止无休止的报复，将宽恕者与被宽恕者从最初的"行动"与该"行动"造成的伤害当中解救出来。做到这一点确实不容易。从康德的"禀好"的观点来看，人们如果遭遇了不幸，自然就会想要"报复"，这是人之常情。

"情感上没办法宽恕，但不宽恕就无法走向新生活，只能……"可见"宽恕"的背后还有"克制"与"忍耐"。与自然的人类情感相悖的冷静理性是宽恕的必备条件。基于此，阿伦特认为，"宽恕"

与"报复"呈两极分化之势，是人类的理性行为[1]。

　　尽管理论上，阿伦特认同"宽恕"是闪耀着人性光辉的尊贵之举，但在实际面临一件事时，她自己也依然未能选择"宽恕"。

　　这件事就是"艾希曼审判"。

　　阿道夫·艾希曼是二战时期的一名德国纳粹军官，他在奥斯维辛领导大屠杀行动（屠杀大量犹太人），是将数百万犹太人移送至集中营的"主要负责人"。二战结束后，艾希曼在其逃亡地阿根廷遭以色列情报机关逮捕，被押送到耶路撒冷接受审判。

　　在全世界的密切关注下，艾希曼主张自己身为军官，只是奉命执行上级命令。不过，他依然被判处了死刑。作为杂志《纽约客》的特派员、国际知名的知识分子，阿伦特也去旁听了法庭审判，她的意见同样广受关注。

　　阿伦特这样评价艾希曼："我原本想，他该是个多么穷凶极恶的人，后来才发现他只是一个稍有野心，淡漠地履行职务，缺乏自身思考的小官员。"她因平庸之人犯下史无前例的罪恶一事受到冲击，发表了以平庸之恶为主题的手记。

　　在这篇手记中，阿伦特提出，艾希曼不该得到"宽恕"，判处死刑合情合理。

---

[1] 阿伦特认为，"宽恕"的原型可追溯至基督耶稣。她说："首先人类应互相宽恕，然后神再和人类一样选择宽恕。"基督曾对使徒彼得说："我对你说：不是到七次，乃是到七十个七次。你们各人若不从心里饶恕你的弟兄，我天父也要这样待你们了。"言下之意就是让彼得"无限次地宽恕"。

> 您支持并执行了不与犹太民族以及诸多其他民族共享地球这项政治意愿……同理，我们认为没有人，也就是说，整个人类中没有任何一个成员，愿冒天下之大不韪与您共享地球。正是这个原因，这个独一无二的原因，决定了您必须被判处绞刑。（摘自《艾希曼在耶路撒冷：一份关于平庸的恶的报告》结语）

阿伦特认为，纳粹拒绝犹太人在地球上生存，并为之做出了实际行动，那么同样地，全世界的所有人都拒绝与艾希曼共同生活在地球上，这就是判处艾希曼死刑的原因。阿伦特怀着与屠杀犹太人行动相同的理念，认为阿道夫·艾希曼应该被判处死刑。

换言之，阿伦特选择了把纳粹对犹太人的所作所为如数奉还的"报复"理念[1]。

阿伦特在手记中提到，"犹太领导者当中也有屠杀运动的同谋"。这一言论遭到犹太人团体的谴责，让她失去了众多友人，孤立无援。思想界明星阿伦特尽管付出了如此大的牺牲，却依然公正、顽强地思索对极恶的裁判，这种态度值得赞赏[2]。

---

[1] 此处参考高桥哲哉在《宽恕与约定——关于阿伦特的"行动"》一文中和在东京大学教养学系的演讲稿中涉及的对"宽恕"的论述，以及冈里勇希的《从过往问题看伦理Ⅱ》。

[2] 战后的德国不忘反省纳粹历史，实现了经济复兴，科技实力也在欧洲首屈一指。德国的两位天文学家发现了一颗夹在木星与火星之间，绕太阳系环行的小行星。为对不断挑战人类难题的哲学家表示敬意，他们把这颗行星命名为"汉娜·阿伦特"。

然而很明显，阿伦特主张的"宽恕"，在犹太人大屠杀这种世界史上无可救赎的恶业面前却并非万能。无可否认的是，她的逻辑还不够透彻，理论与现实之间还存在着分歧。屠杀犹太人的历史事实，是一个无法仅凭理性就能够厘清的难题[1]。

　　生活在现代的我们，虽然没有遇到过如犹太人大屠杀那样悲惨的事件，却少不了夹在道理与现实之间进退两难。哪怕是非常冷静自持的人，也总会遇到让人觉得"无法宽恕"的事情，比如曾经与家人产生的龃龉。

　　但是，阿伦特说，不管如何，都要下决心宽恕对方，这十分重要[2]。

---

[1] 阿伦特认为屠杀犹太人这种"根本恶""无法宽恕，也无法惩罚"，同时却又对艾希曼的死刑判决表示支持。哲学家德里达透彻地分析了阿伦特的矛盾之处，指出"宽恕正是为不可宽恕之事而存在"，把对"宽恕"的逻辑解说推向极致，实现了康德所说的"统制的理念"。也就是说，阿伦特的"宽恕"，是"即便不可能完全实现，也要时常置于脑海一隅，以保持世界平衡的一种概念"。

[2] 18世纪的法国启蒙思想家伏尔泰就曾以理性和宽容的精神阐述过"宽恕"。当时社会上发生了这样一起事件：一名青年自杀身亡，天主教会认为青年自杀的原因在身为新教教徒的父亲身上，他没有允许青年改换信仰。天主教会以此谴责青年的父亲，并将其拷打致死。这起不幸的事件发生后，伏尔泰控诉裁决不公，为替冤死的父亲挽回名誉，他发动所有人脉重启审判，最后甚至惊动了国王，才替青年的父亲洗刷了冤屈。理论与实践并行的伏尔泰就在那个时候发表了《论宽容》。受英国经验主义哲学家洛克的影响，伏尔泰对信仰狂热的天主教会与陈腐的审判制度展开批判，他以"判断不实、出错是人类的宿命"为前提，阐释了"互相宽恕的重要性"。伏尔泰是这么说的："何为宽容？宽容就是对人类有爱。我们所有的人都有缺点和错误，让我们互相原谅彼此的愚蠢，这是自然的第一法则。"2015年的巴黎恐怖袭击事件发生后，游行队伍曾把伏尔泰的肖像画在标语牌上，不朽之作《论宽容》再度畅销。恐怖主义遍布整个世界，排外主义者手掌大国政权——面对这样的局势，我们绝不可隔岸观火。正是在这样一个"不宽容"的时代，我们才更应该铭记"宽容"。

宽恕与报复相反，它可以缓解自己与对方之间的紧张对立，消除由错误与报复引发连锁反应的可能性，给别人自由，也让自己自在，让彼此之间有一个新的开始。"宽恕"就是这样一种人性化的行为。

汉娜·阿伦特的答案

宽恕使宽恕者与被宽恕者获得自由。

推荐图书：《人的境况》

　　人类的三种积极活动包括劳动、工作和行动，本书阐述了在劳动——统一化的动物性行为——居于首位的现代社会中，古希腊的、由多样性构成的"行动"的重要性。这是阿伦特的主要著作，代表了20世纪的思想浪潮。原版为德语，书名为"积极生活"。

恋爱·婚姻

结婚，你将为之后悔。

不结婚，你也将为之后悔。

——索伦·克尔凯郭尔（哲学家）

恋人、夫妻间争吵不断

黑格尔早已给出答案

黑格尔　1770—1831

　　19世纪哲学家，他继承康德的思想，完善了德国观念论。黑格尔以辩证法思想，将人类从自然界走向家族、市民社会、国家的历程总结为人类精神的发展。作为"西方近代哲学的巅峰"，黑格尔的思想极大地影响了法国现代思想、美国政治哲学等当代思想。

最近几年，老年人离婚的案例越来越多。哪怕是曾经恩爱和睦的夫妻，在孩子自立门户或者自己年纪渐长等因素的影响下，彼此之间的关系也悄然发生了变化，些许的分歧就令双方隔阂加深，最终分道扬镳。

离婚率越来越高，对此，从哲学角度来说，应当如何看待呢？

对于夫妻（恋人）之间的问题，可以借用19世纪的德国哲学家黑格尔的思想来分析。

黑格尔是一位伟大的哲学家，他以"辩证法"为思想武器，宏观把控整个世界。在黑格尔的心中，人类历史宛如波澜壮阔的江河。

黑格尔认为，所谓历史，就是在"辩证法"的影响下，所有人变得越来越聪慧，整个人类世界不断走向进步的过程。大家可以把这个过程形象地理解为一个"右上的箭头"。黑格尔解释说，即便存在冲突与战争，历史最终也会朝着更好的方向前进。他给了德国的传统哲学（德国观念论）一个大团圆的结局，可以说是"哲学的终结者"。

在黑格尔所处的时代，法国正处于由君主专制走向民主政权的革命热潮中，黑格尔身处的普鲁士王国（后来的德国）也紧随其后，正在酝酿一场革命。他的宏观理论因此受到本国民众的赞赏，深入人心。及至暮年，大器晚成的黑格尔终于就任柏林大学校长。

黑格尔的哲学包罗万象，从个体与个体之间以命相搏，追求诸如"认同我""我才是更厉害的那个"之类的认同感的原始时代(《精神现象学》)，到令家族与市民社会之间的对立关系得以解除的近代民族国家(《法哲学原理》)，全面地阐释了人类的壮阔历史。

作为思想武器，黑格尔的辩证法触及了人类历史中所有事物的变化与发展的核心，不仅适用于家庭纠纷，还适用于处理工作，以及与价值观不同的他人之间的交往。如果我们能够有意识地运用辩证法的思维框架，它就会为我们发挥实用的价值。

一些伦理学教科书里就有对辩证法的简要解释，在此引用由小寺聪编写的《再读山川伦理》与日本高中的教科书《现代伦理(修订版)》中的部分叙述。

　　辩证法的核心在于，它分三个阶段。

　　第一个阶段是"正"，又称"正题"。

　　最初的时候，人类的观察与思考只以自我为中心。我们注意不到自身以外的其他立场，只能站在自己的立场上，以自我为中心观察事物。形象地说，这样的我们就是"自以为是、视野狭小的任性之人"。

　　第二个阶段是"反"，又称"反题"。

　　在这个阶段，我们开始意识到他人有着与自己对立的想法，他们观察和思考事物的角度与自己不同。

如果直接认同他人的意见，那么自己的意见将不被采纳，但如果无视他人，坚持己见，自己与他人就无法共存。在这样进退两难的境地中，我们认识到，我们以为唯一存在的思考方式其实是狭隘而有倾向性的。我们被动地意识到自己的思考方式格局有限，于是，以自我为中心的观察方式遭到否定。

黑格尔认为，自己与他人形成对立的"反"，即否定的阶段具有积极意义。透过与他人之间的对立，我们的自我凸显为"不同于他人的人"。如果对照一下自己与他人之间的关系，那么自我的姿态就会连同其不合理之处得以浮现。

第三个阶段是"合"，又称"合题"。

在最后这个阶段，我们与他人的立场会彼此碰撞、融合，对立关系则会在此基础上解除。在这个提升自我的过程中，我们与对方的立场被整合到一起，发展为更进一步的整体性立场。我们在保有自身意见及立场的同时，引入了他人的意见及立场，得以从更为广阔的视角普遍观察事物的整体。进入这个阶段，我们的出发点就不再是"我"，而变成了"我们"。

自我与他人在沟通过程中努力融合，最终会创造出皆大欢喜的局面。因此，在第二个阶段里，双方发生摩擦并不是一件坏事，摩擦越剧烈，双方意见在接下来的第三个阶段里就会整合得越好。

日本有句俗语叫"经历过风雨的地面更结实"，其中就蕴含着辩证法的思想。所谓"经历过风雨的地面更结实"，就是说雨下得越猛烈，地面就会越结实。同理，我们与他人之间的碰撞，会引发更高层次的整合，让我们与他人之间形成更加稳固的联结。从这个层面来说，冲突的存在并不是一件坏事。

从贝多芬冲破苦恼、抵达欢欣的音乐[1]，到讲述双方化敌为友、共同成长并对抗新强敌的故事的《龙珠》，可以说，古今中外的许多作品都包含着辩证法式的层级结构。

下面，我们把上面所说的三个阶段放到夫妻（恋人）关系上来思考一下。

夫妻关系不睦时，可能会暴露出这样一个问题：曾以为深谙彼此，却发现对彼此的了解并没有多么深刻，本以为熟得不能再熟的人身上还藏着自己未知的部分。

黑格尔式的争端解决方法要求我们思考，夫妻之间为什么会产生意见分歧。我们要在双方产生分歧之后，认识到对方言语里体现出来的价值观与我们自己的价值观有出入，同时大胆地让两种价值观碰撞。这样一来，双方就能够认识到彼此身上不为人知的一面，加深对彼此的认知，从而跨越不睦，让两个

---

[1] 法兰克福学派的哲学家、美学家西奥多·阿多诺站在黑格尔的对立面，倡导"否定辩证法"。阿多诺在与黑格尔同年出生的贝多芬所创作的音乐中发现了黑格尔辩证法哲学，即正反合思想。"贝多芬的音乐就是黑格尔的哲学，但与此同时，贝多芬的音乐又有超出黑格尔哲学的真实性。"（摘自《贝多芬：阿多诺的音乐哲学》）

人的关系变得更加密切。

过去那个不寻求互相理解，而以自我为中心的"我"，经过耐心地与对方碰撞之后，就会更加理解彼此，转换到"我们"的视角上来。黑格尔称这个过程为"扬弃"，认为它是打破不和与对立的有效策略[1]。

在夫妻感情不睦时，哪怕夫妻间的沟通交流反致误解不断，陷入始终无法互相理解的局面，我们也要知道"这段难熬的对峙时光，是通向更高阶段的扬弃的必经过程"，"坚持沟通终会守得云开见月明，迎来相互理解的时刻"。

在这个曲折的过程中，我们的内心或许会感到一丝疲惫，

[1] 无论是家人之间，还是超越了家人关系的自我与他人之间，都会在摩擦融合的原理下加深对"我们"这个概念的理解。随着互相理解的圆环不断变大，社会将会成为一个整体，在和谐的步调中前进，这就是黑格尔描述的人类历史发展历程。在哲学界，无论是继承还是批判黑格尔的思想，你都必须承认，他对后世的影响不可估量。在黑格尔的哲学中，历史上发生的重大动荡以及推动这种重大动荡出现的源头被称作"绝对精神"。德国经济学家马克思批判黑格尔的"绝对精神"思想，倡导推动历史发展的是社会的底层结构，即"生产方式的不同"，而非"精神"的唯物史观，给全世界的革命思想家、左翼运动家带来了极大影响。丹麦哲学家克尔凯郭尔也反对黑格尔以"绝对精神"概括个体到家族、家族到社会、社会到国家的历程，阐述了"生活在于个人决断"的哲学思想。这种思想体现的是一种刚烈的生活方式：如果我的生活方式、价值观与对方不同，那么我会不惜与对方断绝往来。事实上，克尔凯郭尔自己就曾因此与最爱的未婚妻雷吉娜解除了婚约。他提出了不迎合历史大趋势，而是以"旁观者"的身份生活，重视个人生活方式的思想。马克思的思想被称作"马克思主义"，克尔凯郭尔的思想被称作"存在主义"，两种思想都试图超越哲学史上名为"黑格尔"的这座高峰，现代哲学的两大思潮就此诞生。

但最终，我们眼前必将出现一条开阔的道路^[1]。

---

[1] 当然，吵架对骂的时候，一旦二人之间的隔阂程度过深，甚至出现致使自己显得面目可憎的致命情感过失，夫妻间的沟通基础就会土崩瓦解。即便双方不和，彼此的内心深处也必须要有能够重归于好的"乐观心理"。如果对方开始从心底里怨恨、厌恶自己，那么双方之间就不会再有回转的余地，因此吵架的时候，还是要注意自己的措辞，说话不能太过分，以免伤害彼此之间的信任。中国的古典作品《菜根谭》中有这样一句话："家人有过，不宜暴怒，不宜轻弃。"正如这句话所言，吵架的时候，我们不要把话题转到别的方向上去，双方应平心静气，谋求解决之道。因为话头一转开，争执就会如燎原之火愈演愈烈，又要花费巨大代价去灭这场火。这样的经历，恐怕许多人都有过。

黑格尔的答案

重要的是，敌对的"我"与"你"达到互相理解，升级为"我们"。

推荐图书：《精神现象学》

这是如怪物般刻苦努力的黑格尔在青年时代撰写的总结，是一部如怒涛般席卷所有领域，走向大团圆结局的精神成长故事（成长小说）。书中提到的"良心"与"事情本身"，超越了康德所说的"道德"，对于现代人的生活非常具有启发意义。

出

轨

康德早已给出答案

伊曼努尔·康德　1724—1804

　　18世纪德国伟大的哲学家，将哲学世界里的两大谱系，即笛卡尔等人的"大陆唯理论"
与培根、休谟等人的"英国经验论"整合到了一起。康德以严谨的"义务论"解释万象：从
具备理性的人格尊严，到世界的永久和平。他具有史无前例且延续至今的影响力，堪称哲
学界的思想巨人。

19世纪的哲学家康德有一个众人皆知的习惯：每天都在固定的时间吃早餐、散步、思考。他严格遵循既定的时间，以至于居住在附近的人们都把他当成了活动的时钟。

对如此严谨的康德来说，自由并不意味着可以出轨或放纵自己的欲望，想做什么就做什么。

康德认为的自由，是即便没有睡好，想接着睡，即便遇到了感兴趣的其他事情，想开个小差，也依然要准时践行自己制订的每日事项。换言之，自由就是拒绝欲望的诱惑，秉持理性，遵循道德法则。

康德认为，世界上的任何事物都遵循着自然的因果。嶙峋的岩石一旦滚进了河里，就会被带到河流下游，被河水冲刷得失去棱角。我们人类也从属于这样一个因果世界，是一种容易受一时的情感、欲望等"禀好"驱使的生物。

出轨显然也是"禀好"之一。当从配偶身上得不到满足时，有人就会转向其他异性。出轨者往往一方面感到心虚，怕事情败露后局面难堪，一方面又继续与他人纠缠不清，频频幽会。

不过康德又说，人类不仅从属于受"禀好"摆布的世界（康德称之为"现象界"），还同时从属于超越了因果循环的世界（康德称之为"精神界"），是一种理性的生物。

以康德的思想解读"出轨"问题的时候，我们要先明白：人们同时从属于感性世界与理性世界（"双重世界"理论）。

恐怕不少人都曾经产生过与有夫之妇或有妇之夫发生关系的感情与欲望，甚至险些就被这样的欲望吞噬。而真正走到出轨那一步的人，却又陷入了愉悦与愧疚的情感之中。康德认为，从中就可以看出，任何人的心里都有良知，所有人都是"精神界（理性界）"的一员。

在康德看来，人类是一种能够凭内在的"良心"抵制欲望、情感等"禀好"，摒弃自然的因果，独立行事的理性生物。即便目前仍与出轨对象纠缠不清，只要心存愧疚，那么人的理性终将再次占据上风，进而停止出轨行为。

听起来很厉害，那么它背后的动机究竟是什么呢？

道德教育大都教导人们"不能给别人添麻烦""不能撒谎"，康德则指出，这其中还隐藏着"如果不想被人怨恨（就不要给别人添麻烦）""如果想得到别人的信任（就不要撒谎）"这样的利己动机（前提条件）。

康德对此类道德教育持批判态度，认为其实质是计较本人得失的"伪道德"（康德称之为"假言命令"），目的在于明哲保身和爱护自己。

他说，真正的道德法则（定言命令）是"你要仅仅按照你同时也愿意它成为一条普遍法则的那个准则去行动"。

这就是说，你的行动要基于这样一个判断标准：如果所有人都这么做，那么世界是否会变得一团糟。假如一个人从这个标准出发，觉得出轨"不能普遍化"，那么对这个人来说，出轨就是违反道德法则的行为。

当一个人勇敢地从欲望、冲动等自然界的因果当中独立出来，基于理性建立并践行道德法则之后，他的行为会渐渐影响第二个人、第三个人，甚至更多的人。如此一来，便可实现普遍的幸福。当道德法则体现的是这样的普遍幸福之时，人们就会对其行动原理生出敬意，这份敬意同时也是人们对自己的敬意，因为他们发现自己的内心也存在这样的行动原理。

康德认为，人受因果影响，理性的力量又是有限的，所以我们人类无法认清世界的真实模样（自在之物）。世界的真实万象之中，有且仅有一种是能够被我们认知和体验到的，那就是"善的意志"。"善的意志"是唯一一条通往"真实"的道路。康德说，"善的意志"之所以向人类敞开，是因为人类能够听到自己良心的声音[1]。

出于对内在良心的敬意而遵守道德时，我们就会感受到生而为人的尊严感。康德伦理学的独到之处就体现在，康德阐释的遵守道德法则的动机是非常纯粹的。这与（认为出轨违反道德法则的人）落实出轨行为，心里想着"只要不被发现就没事儿"，在出轨事实未败露期间所怀有的心虚与愧疚之情截然不同。

---

[1] 大家有没有觉得，康德的伦理学过于强调人类有"良心"这个前提呢？康德出身于德国一个虔诚的新教徒之家，不可否认，倡导神就在人心中的新教思想对康德产生了一定影响。黑格尔批判了康德的"良心"言论，他说："康德所说的'良心'，过于集中在人的内在层面，没有探讨现实社会的规则正确与否，他从一开始就把'良心'当成了理当存在的东西。假设对一个反社会的思想（比如否定所有权），依然有人认为它合乎情理，并且以此归束自己，康德会不会依然认为这是对的呢？"在此基础上，黑格尔以批判精神提出了自己认为的"良心"，它是现实主义的道德观念，即"在流动的现实中确定人们应该遵循的规则"（参考：永井均《何为伦理》）。

对有良心的人来说，因遵守内在的普遍性道德法则而产生的情感，能够抵御情欲与使欲望得以满足的性快感。

这就是打心眼儿里认为"不做不可做之事，正是生而为人的尊贵之处"，它是一种问心无愧的、光明正大的情感[1]。

明知不该出轨而又禁不住情欲的驱使——这是人的本性，但与此同时，也有人能够以理性控制欲望，并由此感到愉悦。

康德是如此表达对良心与支配着自然界的法则的敬意的：

> 有两样东西，我们愈经常愈持久地加以思索，它们就愈使心灵充满日新又新、有加无已的景仰和敬畏：在我之上的星空和居我心中的道德法则。（摘自《实践理性批判》第二部分结论）

---

[1] 康德在论述"三大批判"之一的著作《判断力批判》中，将"伦理（道德法则）"与"美"结合在了一起。"一个心意强调坚持它的原则时所表现的'漠然无情'也是崇高的，并且是在更加优越的形式里……只有这样一种心意状态叫作高贵。"（摘自《判断力批判》第二章）正文及答案中用到的"愉悦"一词，均改写自康德所说的"崇高""高贵"。

康德的答案

人们应当对抗欲望，体会遵循内心道德法则的愉悦之情。

推荐图书 :《道德形而上学奠基》

这是康德的作品，是研读康德三大批判之前必读的入门书。章节划分细致，主旨易懂。虽然书中如"理性追求的善的意志比幸福更重要"的叙述显得过于禁欲，但整体读来依然令人感到深入人心，通体舒畅。除本书外，德勒兹的《康德的批判哲学》与石川文康的《康德入门》也是值得一读的入门书。

失去珍重的人

弗洛伊德早已给出答案

Sigm. Freud

弗洛伊德　**1856—1939**

　　奥地利精神科医生。《超越快乐原则》中提到，弗洛伊德观察外孙玩丢线团的游戏，发现了与掌管人类的生的快乐原则（爱欲）不同的"强迫重复原则"及"死亡本能"（thanatos）。他以犀利的观察力，接连提出对人类的崭新理解，开拓了20世纪现代思想的发展道路。

失去了珍重的人，要怎么做才好呢？

只能呆立在原地，终日悲痛不已吗？面对"失去"，人类无能为力吗？

并非如此，"悲伤就是力量"——奥地利精神科医生西格蒙德·弗洛伊德这样告诉我们。

弗洛伊德把失去所爱之人后经历的悲伤历程，与从悲伤中重新站起来的情感历程称为"哀悼工作"。不仅是与所爱之人死别，与活着的人生离之时，我们也会经历"哀悼工作"。能否超越失去带来的悲伤，要看"哀悼工作"是否执行正确。

弗洛伊德认为，悲伤的根源存在于"力比多"。力比多常被等同于"性欲"，但它的含义其实比性欲更加丰富，可以定义为对自己在乎的对象（不只是人，宠物也包括在内）怀有的"心理能量"。

当自己有恋慕、渴望或执着的对象时，力比多就会被注入那个对象的身上。

"哀悼工作"是一个漫长的悲伤过程。如果想忘记曾经爱过的对象，我们就会遭到力比多的强烈抵制。"哀悼工作"之所以痛苦，就是因为即便想从失去的对象身上释放自己的力比多，自己的力比多，即心理能量也依然会被源源不断地强行倾注到那个对象身上。

失去所爱之人的人，会在体味现实的过程中，认清爱的人已不存在的事实。于是，这个人就认为自己应该从与失去的人之间的联系中，释放出所有的力比多。但显而易见的是，这一要求会遭到反制。人类原本就不倾向于改变自己的力比多轨迹。即便有新对象主动撩拨，人们也会产生抵制的念头，这一现象十分常见。（摘自《哀悼与忧郁》）

　　力比多固守在失去的对象身上，对失去所爱之人的人来说只是一种痛苦。人的正常状态应该是"尊重（爱的人已不在的）现实"，但正处于哀伤中的人并不会尊重现实，反而会无理智地对失去的对象，对绝不可能再回到自己身边的对象，倾注心理能量。

　　正在做哀悼工作的人，不可能立刻实现这一点（释放对失去的对象倾注的力比多）。他们会花费漫长的时间，大量消耗投注（指力比多倾注在特定的对象身上）出去的能量，在这个过程中逐渐实现力比多的释放。过程持续期间，失去的对象依然还存在于当事者的心里。在不断追忆回想力比多附着的对象的过程中，哀伤的感情会停止变形。最终投注在他人身上的力比多溢出，得到释放。（摘自《哀悼与忧郁》）

　　失去所爱且正处于痛苦当中的人，虽然要花费很长时间才能走出来，可是看到弗洛伊德写的"总会得到释放"，或许就能看到希望。那么，究竟怎么做才能释放力比多呢？

弗洛伊德作了如下解释：

　　哀伤激发自我去放弃客体，去解释客体的死亡，并鼓励自我继续生存。(摘自《哀悼与忧郁》)

"哀悼工作"，就是花费漫长的时间，把自己从持续向失去的对象倾注力比多的举动中解放出来。失去了珍重的对象后，人会暂时陷入深不见底的悲伤中，想要与失去的对象时时刻刻在一起。

但是，在向对象倾注大量力比多的过程中（整日以泪洗面，悲伤难以自制的状态），人最终会重回冷静，心想"我还得活下去"。于是，尽管悲伤还是难以退散，但它会与失去的对象分离开，沉淀下来，慢慢演变成思念。

漫长的时光过去后，人最终会产生这样的想法：那个人已经离开了，但我还要在自己现在所处的这个世界里继续生活下去。弗洛伊德把它称作健全的"自恋"。让"自我"从漫长的悲伤深渊中重新返回现实世界，就是健全的自恋行为。

英国音乐人埃里克·克莱普顿的《泪洒天堂》(*Tears in Heaven*)就是"哀悼工作"的最好示例。1991年，克莱普顿4岁的儿子康纳从公寓的53楼坠落死亡。克莱普顿陷入极大悲痛，甚至无法出门见人，他为悼念儿子写下的歌曲《泪洒天堂》成为他音乐生涯的代表作[1][2]。克莱普顿盼望见到天国的儿子，可却在歌里这样唱道：

……

我会找到度日的方式

因为我知道我还不属于天堂

……

---

[1] 父母失去孩子的痛苦与哀伤，对人类来说，无疑是一种刻骨铭心的痛苦体验。关于如何面对这种伤痛，是佛陀的弟子迦沙·乔达弥与巴答吒拉的故事，以及大江健三郎描述失去孩子的女性如何重生的作品《人生的亲戚》、村上春树的短篇小说《哈纳莱伊湾》等由古至今的文学与哲学传承下来的探讨主题。弗洛伊德也失去了女儿苏菲，当时他也以自己的方式进行了"哀悼工作"，还从中进一步发展了自己的精神分析理论。在此，我们一起来看看佛陀是如何教导弟子巴答吒拉的。巴答吒拉出身于富裕之家，在得知自己失去了丈夫、两个孩子，更同时失去了父母与兄弟姐妹后，她几近疯狂，赤身裸体地在街上游走悲叹。佛陀对她说："人原本就不能靠父母、兄弟姐妹或子女而活，人能依靠的只有达摩和自己。凡生者必有死时，见者必有别时。人人都逃不开生老病死。或早或晚，我和你也都会死。定神看看你的周围，有哪一个人没有告别过所爱之人呢？"听到佛陀如此说，巴答吒拉的悲痛渐渐缓解。她出家为尼，潜心苦修，最终成为许多僧尼敬慕的圣者。江户末期的国学家本居宣长也说过，失去孩子的悲伤、失去恋人的悲伤等无法诉诸言语的悲伤，即"物哀"，正是人的本质，人类讴歌物哀，由此才终于得以存活。然而存活也只在转瞬之间，在佛教思想里，人必定无法从悲伤中得以解脱，只到死都与悲伤为伴，这才是人真正的模样。

[2] 弗洛伊德的精神分析理论以前面提到的论文《超越快乐原则》为契机，得到了前所未有的深化。这篇论文是弗洛伊德在观察外孙恩斯特的行为举止后构思出来的。母亲（苏菲）不在时，年幼的恩斯特重复着丢线团的游戏，他把线团扔到房间一角，让线团从自己的视线中消失，然后再去找线团，找到后再丢。这是一种因母亲不在身旁而感到受伤时，自己无数次再现伤痕的"强迫重复"现象。弗洛伊德通过观察外孙的举止，深入理解人性，提出人不是只活在适应生存目的的"生存本能"和"快乐原则"里，生命冲动中还包含着"快乐原则的对立面"，即让自己痛苦受伤的"死亡本能"。"过去的痛苦记忆再次闪现"的烦恼就是一种"强迫重复"，是"永劫回归"的暗面。然而，不能因此就否定永劫回归。

163

他是在说，自己如今依然爱着儿子，然而，他还必须生活在现实世界里。后来，克莱普顿又说过这样一席话：

> 我几乎是在无意识中把音乐当成了治疗自己的药。不用惊讶，这样做的效果很好。音乐给了我很多幸福和慰藉。

2004年，在儿子康纳死去13年后，克莱普顿不再弹这首曲子了。

> 我已经没有哀悼的感觉了。弹这首曲子的时候占据在心里的东西不见了。弹奏的时候必须融入作曲时的感情。哀悼没了，我也不希望这种感觉再回来。我现在已经有新的生活了，这首歌大概也需要暂时放下。总有一天，我会用另一种心情弹奏这首歌。

克莱普顿对《泪洒天堂》这首歌的回忆，道出了自己对痛失爱子的"哀悼工作已经结束"。哀悼工作由开始到结束真的是一个漫长的过程。结束"哀悼工作"，即消化殆尽因失去带来的悲伤，需要花费数月、数年，甚至可能像克莱普顿那样，需要花费十几年的时间。

然而消化完所有悲伤这件事情本身就蕴含着治愈人心的力量，继承了弗洛伊德理论的临床医生库伯勒·罗斯也给出了自己的证词，她是这样说的：

"即便在最黑暗的时刻,(我们)也有能力找到一丝希望","悲伤永远有治疗的力量"。(摘自库伯勒·罗斯《当绿叶缓缓落下》)

沉溺在眼前的悲伤里深切哀叹,就是失去珍重之人后,人们所能做到的重要的事情[1]。

---

[1] 身为临床医生,库伯勒·罗斯发起过直面死亡的运动,其后美国对癌症晚期患者的病情告知率有所上升。罗斯提出面临死亡的人会经历"死亡五大阶段(否定、愤怒、讨价还价、沮丧、接受)"的学说,同时又认为,必须接受他人死亡的人,也要经历"接受死亡"和"哀悼工作"的阶段。她继承了弗洛伊德的理论,呼吁大家注意,如果刻意漠视失去珍重之人的悲伤(躁狂防卫),又或是用其他对象掩盖自己的悲伤,就是否定悲伤,这种行为最后会让自己陷入严重的抑郁状态,反而加剧悲伤的折磨。

弗洛伊德的答案

耗费漫长的时间，逐渐完成"哀悼工作"。

推荐图书：《为什么有战争》

　　"现代人在无形中期盼着所爱之人的死亡"，书中接二连三地蹦出这样的冲击性语言。人工智能之父马文·明斯基评价弗洛伊德是一位"过于超前的思想家"。这部《为什么有战争》是世界局势紧张的当下值得一读的经典。

人

生

人生充满了痛苦、孤独和折磨——而且总是那么快就结束了。

——伍迪·艾伦（电影导演）

没有想做的事，
每天的生活了无乐趣

道元早已给出答案

道元 1200—1253

　　与亲鸾、日莲并称为镰仓佛教的代表性禅僧。道元以贵族之身入比睿山修行，并在宋代时来中国留学，潜心打坐，体悟"身心脱落"的境界。道元认为"只管坐禅便是开悟"，回国后开创永平寺。他用毕生精力撰写了佛教理论书《正法眼藏》。

每天早上在同一时间起床，搭乘挤满人的电车去上班。做完一成不变的工作后，和固定不变的几个朋友去喝酒，吐槽同一个上司，然后再挤到电车上，晃晃悠悠地回到家里。

或者，每天早上起床做饭，送丈夫和孩子出门，到处洗洗扫扫，白天上班，回家后准备晚餐。

当每天都重复着同一种生活，感觉不到自己确确实实"还活着"，你是不是也想过，自己难道就要这样老去吗？

不少人就像这样，在毫无起色的生活面前感到空虚。

然而，正是在平淡无奇的日常生活中，潜藏着"开悟"人生的机会——日本曹洞宗始祖，具有代表性的宗教哲学家道元这样告诉我们。

道元认为，琐事、杂事、日常事，正是抵达开悟之前的修行。他专注于坐禅修行，对其他的一切淡漠以对，是镰仓时代首推的通透僧人。

佛教界的优秀人才都有外出求学的惯例，道元也不例外，他曾在宋朝时来中国留学。留学时，道元恪守"修证一如（只有持续修行才是保持开悟的唯一方法）""只管打坐"的教条，潜心坐禅。他认为学习名僧语录是禅僧的开悟之道，于是每日专心研读。

在中国的天童山景德寺潜心修行期间，某个夏日，道元吃完午饭，在寺院的长廊里散步，看到佛殿下有个年老的典座僧

（负责做饭的僧人）正在晒香菇。

盛夏的阳光下，年老的典座僧汗流浃背，伴随着急促的喘息，他专心地晒着香菇（又或者是海藻）。

道元忍不住对他说："为什么你这样的高僧还要亲自做这些杂事呢？让其他的小辈做不就行了吗？"年老的典座僧回答说："让其他人做就没有意义了。"说完，他又顶着烈日默默晒起香菇来。

道元又说："您说得有道理，可也不必在这么炎热的天气里做……"老僧回答说："现在不做，那要什么时候做呢？"

看到老典座在烈日下劳动的样子，道元唯有沉默。

（以上摘自《典座教训·赴粥饭法》，部分有改动）

受到这件事情的触动，道元开始反思自己对开悟的思考。自己原本坚信专心坐禅，学习高僧语录和佛教经典就是修行了，可事实真是如此吗？老典座年老体衰，却依然忠实履行自己身为带头人的职责，看到他专心从事分内之事的样子，道元想，所有事情都是修行，都是通往开悟的道路。此时，他深刻体悟到，日常行为的桩桩件件都是修行，与坐禅有着相同的意义。

我们在日常生活里做出的种种举动几乎都是有目的的。就看事务型工作这一个方面，预约是为了安排好碰头会，安排碰头会是为了顺利结束当天的工作，顺利结束当天的工作是为了不惹上司生气，不惹上司生气是为了绩效评估时不至于得到负面评价，不得到负面评价是为了消除对未来生活的不安。像这样，所有事情都被目的联结在一起。在这一串由目的构成的链条之中，我们只能被催逼着不断重复做出有目的的举动。

坐禅切断了这根链条，坐禅就是坐禅，没有其他目的。像晒香菇这样没有其他目的的行为，就能够与坐禅产生同样的效果。禅寺把做饭洒扫之类的事情看得与坐禅同等重要，就是出于这个原因。杂务一旦完成即宣告终结，那位老典座专心致志的做事态度教导道元"停止思考某件事的作用""专注于此时此地的自我"（摘自赖住光子《来自道元的生活智慧》）。

于是，除了禅寺做饭时的做法（即《典座教训》），道元又写下了吃饭时的做法（即《赴粥饭法》），更是从"净面""洁牙""打扫""如厕"等方面入手，留下了事无巨细的指引说明，教导僧众恭谨履行每日事务。请大家注意，道元看重的这些日常举动，都与"手"存在联系。

佛教的宗旨是让人真正理解"自己是什么"。这并不是定义自己。道元说，它实际上是让人"忘记"自己。

而那些需要动手去做的杂务，能够让人与手上接触的事物合为一体，从而忘记自我的存在。

以刷牙为例，当注意力集中在刷牙的动作上时，稍微夸张点说，此时牙刷就与正在被牙刷刷着的牙齿步调一致、成为一体，人就会感觉到自己与客体互相融合在一起（这称为主客未分），对自我的思索消失不见，出现"自我意识缩小"的现象（参考：

名越康文《固有一死，缘何求生》）。

洒扫、做饭、如厕、刷牙，这些日常琐事就这样以更容易实现的方式带来了与坐禅同等的效果（忘记自我）。

在琐事当中放弃一切多余的思考，专注于做好眼下的事情，以此忘记自我——道元把禅僧向往的境界称为"身心脱落"（忘记自我）。让自己"身心脱落"就会进入道元认为的"开悟境界"，每天源源不绝的杂事就是上佳的"动态坐禅"。

对那些让自己感到烦恼，于是能拖就拖的事情，大家不要因琐碎而急于尽快做完，也不要刻意去想那件事情有什么意义，不妨只专注地、彻底地、认真地去做。

你可以扫净平时没有扫过的地方，洗洗很久没洗的东西，舍弃自己觉得总要舍弃的东西，或从零开始学做海带木鱼汤。

在公司，你也可以从日程调整到书面请示流程，每件事都事无巨细地安排到位，小心谨慎地做好自己的工作。

你可以把公司和家里的"杂事"当成"动态坐禅"，不带目的地专心投入其中。这样你就会知道，佛住进了自己心中。琐事或许微小，却能让人感受到活着的快乐。

道元的答案

一应生活皆是禅。

推荐图书：《典座教训·赴粥饭法》

本书通过餐食的做法讲述禅心，比起道元深奥抽象的主要著作《正法眼藏》，可读性更强。全身心地投入一件事情就是"坐禅"，就能够"开悟"。如果想更加深入地了解"坐禅""开悟"，可以读井筒俊彦的《意识与本质：探索东方精神》。

面临人生选择

丹尼尔·卡尼曼早已给出答案

丹尼尔·卡尼曼　　1934—

　　美国认知心理学家。他在知识巨匠西蒙的理论基础之上，建立了行为经济学，颠覆了经济学里合理的人类形象。迈克尔·刘易斯的《思维的发现》一书描写了卡尼曼与志同道合的友人特沃斯基之间"改变世界的友情"，已成为美国大学生的最新必读书。

人生就是一连串的艰难抉择：

是要事业还是要婚姻；结婚是选这个人还是那个人；是给人打工还是自己做老板；是接受还是拒绝别人的创业邀请；是安稳度日还是大胆追求梦想；是自己照顾年迈的父母还是委托给其他人；患了癌症，是做手术还是不做手术。

除了诸如此类的重大人生选择之外，每天还有无数选择横亘在我们面前：那件事要不要找上司谈；午饭要在哪里吃；是要讨上司的欢心，邀请上司一起去喝酒，还是要珍惜与家人在一起的时光，下班后直接回家。

从小事到大事，人生中做任何选择都不简单，总会伴随或多或少的苦涩。这种时候，有没有什么理论方向能够给我们以支持呢？

虽然没有任何一种理论能够给我们积极的指引，告诉我们选择哪一个，但"消极的指引"却是存在的。

所谓"消极的指引"，就是由行为经济学的奠基人丹尼尔·卡尼曼提出的"前景理论"[1]。

---

[1] 迄今为止，在大众的固定认知里，除了弗洛伊德、拉康等人的精神分析学，接近哲学领域的学科就是社会学、宗教学、文化人类学等。然而近年来，哲学的相邻学科范围呈现以英语文化圈为中心逐渐扩展的趋势，哲学研究本身也开始追求更为广阔的视野。丹尼特、约翰·罗杰斯·塞尔等人提出的认知科学与"心灵哲学"，科斯米德斯、平克等人提出的演化心理学、演化生物学，还有葛文德等人从宗教学、临床心理学中派生出来的生死学等都是其中的例子。除了这些人文学科，其他学科的研究者从事跨领域研究的现象在国外也很常见。

先看这个理论的结论——人类无法做出合理的判断。为验证这一结论，卡尼曼做过几个实验（卡尼曼＆特沃斯基，1979）。

假如一个人面前有两个按钮（根据卡尼曼的实验做出的假设）：按下按钮A，"有80%的概率获得4000美元"；按下按钮B，"有100%的概率获得3000美元"。那么，这个人会按下哪个按钮呢？

如果是你，你会怎么选择？（这个实验很简单，请大家思考一下。）

实验结果显示，很多人都选择了按钮B。

但是，如果从统计学里"期望值（＝可能获得的值×概率）"的角度来看，哪个选择才是更合理的那一个呢？按钮A的期望值是3200美元（4000美元×80%），而按钮B的期望值是3000美元（3000美元×100%），实际上，按钮A的期望值更高。

再换个方式，假如按下按钮A的人"有80%的概率损失4000美元"，按下按钮B的人"有100%的概率损失3000美元"，情况又会如何呢？

这一次，更多的人选择了按下按钮A。

同样以"期望值"来做验证，那么按钮A带来的损失是3200美元（4000美元×80%），按钮B带来的损失是3000美元（3000美元×100%）。从数学角度上看，按钮B带来的损失更少。然而，实验中还是有更多的人选择了按钮A。

你的选择是否也是如此呢？

做完这样的实验后，卡尼曼发现了一个函数（价值函数），得出了这样一个结论：人类"面对利益时倾向于更加稳妥的选项，面对损失时则会冒着风险，倾向于更值得一搏的选项"。

假如"期望值"是一个合理的选择标准，那人们为什么会选择不符合期望值指标的选项呢？

卡尼曼指出，"人类更加在意'损失的痛苦'"。数据显示，当利益与损失的额度相同时，遭受损失的痛苦比（从上文所说的函数中）获得同等利益时感受到的喜悦强烈得多，可达到喜悦的2.25倍（卡尼曼＆特沃斯基，1979）。"得不到的才是最好的"，这句俗语大概也是由此而来的吧。人是一种不希望受损的情感生物，为了逃避损失的痛苦（一旦受损就觉得万劫不复），人们有时会无意之间做出不合理的选择。

除了"前景理论"之外，还有其他佐证也能证明人类无法做出合理的判断。

这个佐证就是专门研究"选择心理学"的哥伦比亚大学教授希娜·艾扬格做过的一个实验。她对比了副食品店的试吃区同时摆24种果酱与同时摆6种果酱的情形，发现当摆上6种果酱时，有30%的试吃者会选择购买，而摆上24种果酱时，只有3%的试吃者会选择购买。

从这个实验里就能够看出，尽管看似选项越多，人们越自由，但实际上却更容易出现无法选择，甚至放弃选择的情况（艾扬格把它称作"选择麻痹"[1]）。

还有学者做过一个实验，追踪做出选择后会发生什么事情。实验研究的是这样一个沉重的选择：孩子生下来就有严重的脑功能障碍，即便能够维持生命，也很有可能成为植物人，此时是要继续挽留孩子的生命，还是就此放弃？

面对这种情形，在美国，终止治疗的决定通常必须由孩子的父母提出来，而在法国，只要孩子父母不提出异议，通常决定权都在医生手上。两位生命伦理学家做完这番调查后，继续追踪选择完毕后的情形，发现法国的父母会认为终止治疗是"没有办法的事"，而美国父母则因为自己主动选择了放弃，所以即便过去了很长时间，他们依然会固执地陷在悔恨与罪恶感里（摘自希娜·艾扬格《选择：为什么我选的不是我要的？》）。

这个实验告诉我们，一旦决定是由自己亲自做出的，那么人就会受到这个决定的影响，今后的人生也会更容易受这个决定束缚。

举个常见的例子。有人上了好几年大学，又或是上了好几年班后，还是明显无法适应那个环境，而即便如此，因为学校或者公司是自己选择的，所以只能硬着头皮继续下去。这就是受到了自主决策的"贯彻性"的束缚。在有限的人生中紧咬着损失不放，从人生的整体高度上看，是非常不合理的。

---

[1] 在如今这个资本主义高度发达的世界，我们面临太多选择，反而容易因此无法做出抉择。这和"邂逅越多，结婚越迟"应该是同样的道理。有资料显示，以市场营销见长的世界级企业宝洁曾经特意把26种洗发水缩减为15种，结果销售额反而增长了10%。

如果整个社会都认为，不管面对什么事情，"自己做选择才是独立自主的杰出举措"，那么从行为经济学和选择心理学的角度看，这种社会氛围本身是存在不合理之处的。

人难以做出合理的判断。不仅如此，一旦选项增多，人甚至会失去做出判断的能力，这一点已经得到证实。选择是一件困难的事情，人们不可能轻轻松松地做出决断，有时还会不得已陷入优柔寡断的境地里。

有学者建议用"尽量不自己做选择"的信条指引人生[1]。因

---

[1] 这句话出自受到罗马尼亚宗教学家米尔恰·伊利亚德思想影响的宗教人类学家植岛启司（《偶然的力量》）。植岛启司从自己丰富的人生经验出发，说出了以下这番话：顺顺当当生活下去的秘诀就是尽量不做决断。不要想"选这个还是选那个"，要想"这个也要那个也要"……你必须找寻尽量不用做选择的生存之道。要始终如一地贯彻这一点很难，但也绝不是毫无可能。我们可以想想世界史上屈指可数的天才尤利乌斯·恺撒。恺撒为后世留下了打破古罗马一切军事、政治困境的精彩故事，而关于他个人生活的传闻也十分有名。据说在罗马的上流社交圈里，没有一个贵妇不想做恺撒的情人，甚至能够在他面前排起长队。而神奇的是，在那些爱慕他的女性里，没有一个人对他由爱生恨，直到现代，众多历史学家、小说家、剧作家依然对恺撒深感兴趣。日本作家盐野七生认为，个中原因就在于恺撒与情人之间的交往不是偷偷摸摸进行的，他会把自己同时与多名女子来往的事实开诚布公地告知妻子、情妇，甚至是情妇的丈夫。深知"女人一旦受到忽视就会受伤"的恺撒，即便看到妻子和从前的情人同时出现在上流沙龙里，大概也不会在惶惶不安之下做出忽视旧情人之类的小气举动。他应该会让妻子稍微等一下，然后温柔地牵过旧情人的手，问候她近来如何，回到家后，再讲一些有趣的话逗妻子开心，消除妻子的疑虑［参考：盐野七生《罗马人的故事4：恺撒时代（上）》］。也就是说，恺撒会同时顾及妻子和旧情人的心情，不会决绝地与曾经爱过的异性一刀两断。在他生活的时代，推崇一夫一妻制的基督教尚未诞生，那时一夫一妻制还没有普及。假如把他的行为放到现代来看，就是"多重恋爱（公然脚踩多只船）"。恺撒不仅创下了自己的性爱伦理，还留下了很多"让势如水火的人或事和谐共处"的历史事迹。比如，他授予在高卢战争中投降的敌人"罗马市民"的称号，把他们笼络入自己的阵营。在恺撒跨过卢比孔河，决心对抗国家之时，这个举措对他后来的成功起到了至关重要的作用。假如用哲学的语言来解释，那么恺撒的行动指南就是"辩证法"，他思考的不是如何"扬弃"对立，而是如何刻意忽略对立，模糊敌我之别。靠着"独裁"政治，恺撒建立起了整个欧洲的雏形，使其后悠长的欧洲哲学历史都包纳在古罗马体系之中，这是世界史上前所未有的壮举。

为很多情况下，无法二选一的时候，最好的办法其实是同时利用好两者。

然而现实中，我们面临的往往是必须选择其中之一的局面。

如果是做商业决策，我们很多时候都能够决定什么时候该做什么，把它当作惯常的规矩。如果是做实际业务，根据以往的经验，我们或许也能够做出明确的判断。然而，当我们面临的是重大的人生选择时，一切就不同了。在这个时候，我们还没有完全领会接下来的选择代表什么，所以听凭直觉做选择[1]绝对是不可取的。

如果不明白选项意味着什么，大脑还一团雾水，那么就要切记，在前景明朗可见之前，先保留所有选项，等到最后一刻再做决定。在必要情况下，像法国的父母那样把选择权交到他人手上也是一种可行的方法。

---

[1] 受《反脆弱：从不确定性中获益》的作者塔勒布的影响，卡尼曼认为，人类在面临选择时，往往心里想的是"上次是这么选的，那这次也这么选吧"，像这样刻意制造一贯性也是不合理的（佛教开山之祖佛陀也说过，根据自己的主观记忆自由编织故事会给人带来烦恼）。就像科学家们无法预料到"只有白天鹅的世界里突然出现黑天鹅"一样，从前是那样，并不代表今后也会是那样。社会心理学领域的经典著作《影响力》一书里就提过，一旦被"一贯性"束缚，人们就可能会错失重要的东西。事实上，早在几百年前，已有人率先意识到了这一点，这个人就是倡导英国经验论的18世纪哲学家大卫·休谟。大卫·休谟认为，人类的自我不是"不可动摇的本质"，而只是"在每个当下所处时刻的知觉的集合"。他对人类提出了这样的质疑："虽然手指碰到火会烫伤，但是有谁能够因此就断定手指碰到另一团火必然也会烫伤呢？"16世纪的伦理学家蒙田也对人的能力持怀疑态度，他认为一个人最多只能做到了解某件事，告诫人们避免独断。面对不够了解的事情，不应该根据以往经验类推，也不应该下决断——无论从科学角度，还是从人生角度看，这样的态度都是很重要的。

说白了，"等选项全都主动出现之后再思考怎么做也还来得及"。

人自己做决定是有局限性的，自主决策往往会伴随决策不当的风险。我们要敢于对抗"大胆果断方显英雄本色"的社会氛围，即便被他人看作优柔寡断之人，在不知该如何选择时，该暂缓依然要暂缓。卡尼曼说过，除了凭直觉迅速决断的思维（系统1）之外，深思熟虑的慎重思维（系统2）同样非常重要[1]。面临A和B之间二选一的局面时，如果无法接受任一选项，不妨坚持探索更适合自己的C、D选项，这也是缔造无悔人生的途径。

---

[1] 卡尼曼将人的思考方式分为系统1与系统2，认为系统1里存在认知偏差，削弱了人们做出合理判断的能力。对此，德国心理学家格尔德·吉仁泽持反对意见，吉仁泽认为，在推动人们做出妥善或是有利的人生决策这个方面，启发式思考也有很大一部分积极作用（生态效度）（参考：吉仁泽《直觉：我们为什么无从推理，却能决策》）。

丹尼尔·卡尼曼的答案

直觉的声音洪亮如钟，理性的声音细微难以捕捉。

推荐图书：《思考，快与慢》

人类的思考方式分两种：依靠直觉瞬间做出判断的"快速思考"（系统1），以及通过调动注意力来分析和解决问题并做出决定的"缓慢思考"（系统2）。本书认为，假如单纯依赖无意识的"快速思考"，那么由此产生的认知偏差就会导致重大失误，因此有意识的"缓慢思考"非常重要。除此之外，书中提到的"心理账户"概念也很有吸引力。

深夜感到孤独

叔本华早已给出答案

叔本华　1788—1860

德国哲学家，曾得到在柏林大学任教的机会，但声名不敌黑格尔，最后辞职离校，离群索居，专注写作。受古代印度哲学及佛教思想的影响，叔本华阐释悲观主义，论述解脱之道，影响了尼采等人。他大半生郁郁不得志，在63岁那年才凭借作品《人生的智慧》翻身，度过幸福的晚年生活。

你近来是否感觉与朋友渐行渐远。

今天，是否依然没有人来联系你？主动去找别人，结果别人又有自己的事情，只好默默打开电视，摆弄手机，可这只能带来一时的慰藉。

于是你想，我已经不被任何人需要了吗？

夜深人静时，你觉得整个世界只剩下自己。

你想找到自己确实存在的真实感，不由自主地就想和谁联系，却又止住了念头。

你心想，我就算这么死了，也没有人会发现吧……

这就是终身未婚率高涨，晚年离婚量增多，对孤身死去的不安日益加剧的日本社会的现实。"孤独的苦涩"成为很多人切身体会的生活烦恼，尤以单身族为甚。

19世纪的德国哲学家叔本华给这个问题提供了一个解决思路。

叔本华说过这样一句话："与其说人们主动寻求他人的愉快陪伴，毋宁说他们在躲避孤独带来的凄凉和压抑。"（摘自《人生的智慧》第五章）

众所周知，叔本华是"厌世哲学"的代表性人物。

厌世哲学认为，世界和历史根本就没有（黑格尔所谓的）意义和目的，有的只是每个活着的个体对生命的盲目追求与欲望，他们在遗传基因的影响下产生"渴望存活"的需求，想要在世界上留下自己的子孙后代。每个人的欲望愚蠢地交杂在一起，互相拥挤着，一片混乱，而且永远周而复始地重复着无益的争端。

因此，这个世界不可能成为幸福美满的世界，它是虚无的，没有值得肯定的正面价值。这就是厌世哲学的世界观。

对持有这种观点的叔本华来说，与他人交往，就是为迎合他人"丢弃自己"。

他甚至说："社交圈这种东西……要求人类彼此顺从，彼此压抑。""强制，大概是社交割舍不掉的附属品。""社交要求人们做出牺牲……必须舍弃四分之三的自己。"（《人生的智慧》第五章）

他说，"友情也好，爱也好，夫妻关系也好，无论人与人结合得多么密切"，"彻底的融合是做不到的"，无论多么亲密的朋友、恋人，都是如此。

为什么呢？

当你和其他人待在一起的时候，"由于个性和心境的不同，必然会产生矛盾"（摘自《人生的智慧》第五章）。

如果你感到寂寞，贪恋人群，想找人聊天，并因此去和他人会面，或是打电话闲聊，你可能就会发现，自己和对方的心境、境况、兴趣点并不在一处。

其他人就是其他人。

当自己真正感兴趣的东西与对方的兴趣无法融合时，你就要迎合对方，费心思量。结果就是，你们之间的言谈无法深入内心，只能停留在彼此可以产生共鸣的层次上。

这难道不是牺牲了原本的自我吗？

你宁愿牺牲自我，来换取他人与你做伴吗？这样真的能够驱散孤独吗？

叔本华认为，人生来就害怕孤独，具备"希望有人陪伴的本能和冲动"。即便如此，任何人也都有期待落空的经历，因此，恰当地控制自己的冲动才是理智的做法。叔本华说："我们承受的所有不幸，皆因我们无法独处。""几乎所有的痛苦都来自与人交往。"

然而即便如此，人们依然渴望群居。我们难以战胜"群居本能"，而且讨厌孤独，哪怕丢弃自我，也要投入社交当中。

这是因为，人"没有自我""内心贫瘠""仅有片面的内涵"，叔本华如此断言道。

人之所以难以忍受孤独，是因为"人的内在空虚而贫瘠"。叔本华说，"由人的内在空虚和单调而产生出来的社交需要把人们赶到了一块"。

伏尔泰曾说，"世上多的是不值得让自己开口的人"，这句话正适合用在叔本华身上。他引用众多知识分子"厌恶交际"的言语，明明白白地指责热衷社交的行为是"通过合群掩饰内在的贫瘠"。"群居动物"这个用词深处，隐含着叔本华对交际的鄙薄态度。真不愧是一位鄙弃俗世的厌世哲学家。

不过，他的厌世不难理解。叔本华曾得到在19世纪的德国柏林大学任教的机会，但他的声望不敌当时的同僚，即明星教员黑格尔，于是离开学校，隐入民间做研究，后半生离群索居，专心写作。

或许就是因为有这样的人生经历，所以叔本华才对热闹的派对、沙龙文化向来都横眉冷对。

他甚至痛骂说，"无聊的人都可怜地热衷于社交"，"杰出的人与这样平凡的人交往，又能得到什么享乐呢？"

无可否认，这位遁世的哲学家对交际的厌恶未免太过极端。

然而，他尊敬的哲学家亚里士多德也说过："幸福属于那些容易感到满足的人。"这句话里蕴含了一个无可辩驳的真相[1]。

顺着亚里士多德的这句话，叔本华做出了如下阐释：

"幸福的基础绝不在自身之外，而在自身内部。"

---

[1] 享受孤独是非常人所能及的事，不过有些时候，可能也存在"因身边有人陪伴，所以能一个人独处"［IBM旗下便携计算机品牌ThinkPad（2005年被联想收购）曾经的广告宣传语］的情况。深受叔本华影响的尼采就是这样一个例子。尼采和叔本华一样，也是一位因被任教的大学冷落（起因是处女作《悲剧的诞生》风评不佳）而走上孤高道路的"孤独的革命家"，在当时欧洲的多数思想家前辈都受（尼采持批判态度的）基督教道德强烈影响的背景下，唯独他对孤独的思想家斯宾诺莎心怀敬畏与共鸣。尼采与斯宾诺莎（在书中）相会时，给友人写下了这样一封信："我已经完完全全地震惊并沉醉其中了！我找到我的先驱，这是一位怎样的先驱啊！我以前几乎不了解斯宾诺莎这个人，如今却甘愿追随他，这是我的'本能举动'……从他的五点主要学说里，我看到了自己的影子。这个尤为异常，尤为孤独的思想家，在这一点上和我最接近……我想说，时常让我像攀登了高耸的山那样呼吸不畅、血流不止的孤独，至少在现在，已经是两个人共同的孤独了，太不可思议了！"（摘自《尼采书信集1》）。不难看出，在孤独的思索历程中遇到时空相隔的真正的朋友之时，给人的震撼是多么强烈。

"我可以给出这样的结论：只依靠自己的人，能把自身当作自己全部的人，就是最幸福的人。"

为什么呢？

> 任何人最能完全融入其中的时候，就是在把自身当作交谈对象的时候。

> 心情的全然平静……世上的贵重财富……只有在孤独中……在彻底的遁世中才能求取……如果一个人的自我足够优秀和丰富，大概就会享受到这个贫瘠的世上能得到的最大幸福。（摘自《人生的智慧》第五章）

叔本华用明确的语言向世人如此盛赞孤独的美妙。

所以，无视那些受寂寞驱使而一心往人群中挤的人，控制自己想与人共处的冲动，深耕自身的精神层面，就是值得提倡的行为。我们要发展自己的兴趣，享受孤独的感觉，深耕于自己感兴趣的领域。埋首在只有自己能够做到的事情当中，我们就能让孤独的时光过得有意义。

这样的孤独时光，亦即阴郁的快乐时光，会丰富我们的人生。

叔本华说："早早习惯孤独，达到热爱孤独的境界的人，就像是得到了金矿一般。"

叔本华的答案

热爱孤独的人，就像手里攥了一
座金矿。

推荐图书：《人生的智慧》

　　这位西欧的佛教徒、存在主义的先驱、不相信幸福概念的
虚无主义者倡导的幸福论就是"转向孤独"。这本书论述的是孤
身一人磨炼自我的重要性，所以请你先远离手机，然后阅读该
书，开始思考。尽管书中零星可见过于乖僻的看法，但在无法
忍受孤独时，这本书一定会成为治愈你的良药。

死亡·疾病

毋庸置疑，所有生命都是一个毁灭的过程。

——斯科特·菲茨杰拉德

怕

死

苏格拉底早已给出答案

苏格拉底 公元前 469—前 399

　　古希腊哲学之祖。他在雅典主动向诡辩家发起论辩，凭"我知我无知"驳倒对方。因"信仰新神，教唆年轻人堕落"被判处死刑。他有悍妻赞西佩，美男情人阿尔西比亚德斯，身边能人环绕。

迄今为止的人生中，大家肯定收获过许多值得回味的经历，比如甜蜜的恋爱，工作上的成功。或许也有那么一两次，在极端的幸福感中，开口说过"死了也值"这样的话。

然而，假如在体检时被查出疑似身患重病而不禁心里咯噔一下，真实感受到"死亡"的那一刻，恐怕任谁都会心生畏惧，发现自己其实并没有做好面对死亡的心理准备。

对留恋人生，又因人生而烦恼的我们，古希腊哲学的代表人物柏拉图大概会这样说：

——死亡可怕吗？

害怕死亡，是因为人一心只想着如何"活下去"。而让人觉得"现在死了也值"的幸福，归根结底只是物质层面的幸福，是"伪快乐"。

这是什么意思呢？我们又要怎样才能不再畏惧死亡呢？所以让我们顺着西方哲学的开创者苏格拉底的人生轨迹，来一探究竟吧。

让我们把目光投向古希腊城邦雅典。公元前5世纪末期，雅典确立了直接民主制，市民自发来到进行选举、审判的公共场所抒发自身见解的现象开始盛行。于是越来越多的人希望掌握辩论技巧，这样一来，无论事实偏向哪一方，自己始终都能驳倒对方，赢得胜利。

那个时代，古希腊人在雅典市民的身份认同感下，大胆追求个人利益，热切寻求满足个人利益的方法。

于是，收人钱财，教人如何辩论的专职老师——诡辩家应运而生，而且颇受民众追捧。人们朝着满足欲望的目标大步前进，暴民政治蔓延开来，社会上乱象丛生。柏拉图的老师苏格拉底就在这种个人欲望受到大力赞颂的时代背景下登上了历史舞台。

诡辩家们放言世上没有规则，一切皆有可能，拥有三寸不烂之舌、能够颠倒黑白的人将战无不胜。诡辩家们就是这样一群堕落知识分子，他们一心研习辩论技巧。就是因为这群知识分子，由古希腊语里表示智者、贤者的单词sophist派生出来的英语单词sophisticate，才除了有"精于……之道的人"的意思之外，又带上了"篡改，曲解"的意思。

古希腊的这种社会风气一直蔓延到了现代。电视上舌灿莲花、人气高涨的名人当选地方政府领导、立马攻入政界就是暴民政治的典型体现。他们颠倒黑白的语言做派宛如诡辩家再世。

苏格拉底有心重建因暴民政治而颓败不堪的雅典，于是走上街头，遇到谁就拉谁辩论。除了诡辩家之外，他还时常抓住走在路上的军人，询问军人什么是勇气。

他把自己定义为"爱智者"，即虽然知道自己无知（我知我无知），但作为热爱智慧的人，自己必须揭发其他人的无知[1]，

---

[1] 苏格拉底以"死亡"为例，阐述"自觉无知"体现了"真正的贤明"。"死亡"是活人无法亲身体验的经历，面临死亡，活人也不能仅以"自觉无知"去应对。苏格拉底断言，人们认定"死亡是恐怖、消极的事物"，这恰恰就证明了人的无知。

他规劝众人说，"活着不是目的，好好活着才是"[1]。

在苏格拉底看来，为活着而活着，就是盲目听从生存本能的指引，毫无节制地追求用于满足肉欲的金钱，出人头地必不可少的名誉、地位，以及（像诡辩家们一样）标榜自己。这是一种处处钻营，以保护自己的身份地位为唯一目的，牢牢固守此生的生存方式。

苏格拉底断言，这样的生存方式必定存在缺陷。

那么，"好好活着"又是怎样的一种活法呢？

好好活着，就是不计较以死亡为终结的肉体生命的长度，无论面对什么，都能够抵挡住以保全性命为先的本能。

这是不受欲望、享乐的蛊惑，对世界的"真相"有求知欲，并以此尽力提升人生质量的"爱智者"寻求的生存方式。

这种生存方式也可以用"灵魂卓越"来形容。

让人觉得"死了也值"的"奢华放纵""酒池肉林"，归根结底是为了活着而活着，是物质层面的幸福。这样的幸福不过是

---

[1] 用现代的眼光去看以"我知我无知"驳倒行人的苏格拉底，我们可能会得出一个与柏拉图笔下的苏格拉底截然不同的形象：一个喝醉了酒就随便拉住街上的人不由分说地展开辩论的、单纯却又令人避之唯恐不及的男人（柏拉图认识他的时候，他就已经是这个做派了）。继承了苏格拉底遗志的徒孙中，有一个名为第欧根尼的人，他几乎是赤身裸体地居住在一只木桶里，是一位践行极简生活理念的哲学家，也被认为是"犬儒学派"的代表人物。第欧根尼从心底里敬爱的人，并不是柏拉图笔下慨然偕偬的苏格拉底，而是活在尘世间，虽然与偕偬完全绝缘，是被往来行人侧目而视的"怪人"，却纯粹不矫饰，只一心向往智慧，思考如何完善灵魂的真实的苏格拉底。

永远无法得到真正满足的"伪快乐",因为人的灵魂是不健康的。

而"关怀灵魂",热爱并寻求"真正重要的事情"才是"好好活着",才是真实的幸福。它会给人带来"健康的灵魂"[1]。

苏格拉底说,物质的、肉体的享乐反倒会腐蚀灵魂的健康,如此一来,"灵魂会离开肉体"。"灵魂离开肉体",就是让人在还活着的时候预演(等同于)"死亡"(的状态)。

金钱、地位、名誉也好,圆满的生活也好,肉欲享受也好,它们就算再怎么成熟,再怎么美好,只要核心的"灵魂"不够出色,人就不会得到真正的幸福。

恶劣的"灵魂"永远不会得到满足。

"畏惧死亡",大概就是因为自己的生命还停留在为活着而活着的肉体阶段。

哲学家努力锻造卓越"灵魂",就是在"练习死亡"。

---

[1] 古希腊末期的哲学家伊壁鸠鲁身处希腊文化即将落幕的时代,认为"灵魂的安宁"才是幸福,能够带来安宁的生活才是最重要的。对容易追逐刺激性享乐的现代人来说,不妨了解一下这种对幸福的定义。这种思想认为,"没有烦恼"的状态乍看起来似乎很无趣,但这种静寂正是真正的幸福。"对真正的哲学的爱,会使扰乱平静心境的纷繁欲望全部烟消云散。"〔摘自《片断(其二)》〕伊壁鸠鲁又是如何看待死亡的呢?"当我们活着的时候,死亡还没有来临;当死亡来临的时候,我们已经不在了。"(摘自《致梅瑙凯信》),所以,我们没有必要畏惧死亡。伊壁鸠鲁认为,畏惧死亡,就是思考没有思考意义的事情,他劝诱人们放下对死亡的畏惧,让灵魂得到平静。事实上,据说伊壁鸠鲁晚年膀胱患病,临近死亡时,依然还在回忆人生中快乐的事情,以此忍受痛苦。有"东方伊壁鸠鲁"之称的庄子也曾说过,死亡并不可怕。"人之生,气之聚也。聚则为生,散则为死。若死生为徒,吾又何患。"(摘自《庄子·外篇·知北游》)

苏格拉底生命的最终时刻是这样度过的：

他呼吁只顾及自身名誉和地位的雅典市民"注重灵魂"，并不断揭露他们的错误，也因此，被他驳倒的诡辩家们对他的反感郁积得越来越深。因树敌太多，他的弟子战败的责任也被强行转移到他的身上。他遭遇审判，背上了"亵渎神灵，教唆年轻人堕落"的罪名，最终被判处死刑。

苏格拉底被收押进监狱以后，弟子克里托劝他越狱逃跑，同情他的狱卒还给他打开铁锁，甚至特意装作视而不见，但他最终并没有顺势逃离。

> 他既然一辈子只是学习死、学习处于死的状态，一旦他认真学习的死到了眼前，他倒烦恼了，这不是笑话吗？（摘自《斐多》）

苏格拉底毅然饮尽毒酒，慷慨赴死。

他的死让弟子之一的柏拉图深受震动。苏格拉底临死前对雅典市民说出了以下这番话，这番话无数次令柏拉图悲痛万分，同时又备受鼓舞，从中发展出了柏拉图自己的哲学思想。

> 你们专注于尽量积聚钱财、猎取荣誉，而不在意、不想到智慧、真理和性灵的最高修养，你们不觉惭愧吗？（摘自《苏格拉底的申辩》）

在苏格拉底所说的"钱财、荣誉"之后，应该还能再加上"明哲保身""看重生命"。他提出的"我知我无知"与"真相"虽然还只是一个粗略的概念，却将雅典城里的诡辩家们一扫而空，为后来弟子柏拉图、亚里士多德等人革新西方哲学史扫清了障碍。

这就是被古希腊市民鄙弃的苏格拉底的临终之言。

在两千多年后，在全球化资本主义走到尽头，"金钱至上"的价值观显露局限性，以及盲目拖延性命的延命医疗越来越多地受到质疑的现代，苏格拉底的这番话虽历久而弥新，既是一则"警告"，又是诱导人们走向"哲学"的"爱智者"的肺腑之言。

苏格拉底的答案

哲学就是练习死亡。只要有热爱求取智慧的心，死亡就不再可怕。

推荐图书：《游叙弗伦 苏格拉底的申辩 克力同》

这是一部面向现代人类的古典著作。它会让人真实地感受到人类的始终如一。柏拉图令人惊异的写作能力使这本公元前写就的著作如今读来依旧不觉晦涩。将苏格拉底逐入死刑的东西一直蔓延到了如今的日本。除本书外，柏拉图的《斐多》《高尔吉亚篇》也是值得一读的佳作。

人生艰难

马丁·海德格尔早已给出答案

马丁·海德格尔　1889—1976

德国哲学家，以思索"意识结构"的胡塞尔现象学为基础，发展出自己的存在主义哲学，是20世纪最伟大的哲学家之一。因亲近纳粹，海德格尔一度被革去公职，其主要著作《存在与时间》对二战后的思想家们起到了决定性的影响作用。

当你生活艰难的时候，

当你借了一次又一次的钱，如今的债务早已膨胀到无力偿还的时候，

当你与亲朋好友的关系无可修补，业已恶化的时候，

当你身心俱疲的时候，

当你的烦恼重重堆积，肉体与精神都不堪重负，觉得只有死了才能一了百了的时候，

希望你知道，人们眼中如纸上谈兵的哲学，会成为你有力的支撑。

20世纪的代表性哲学家马丁·海德格尔或许会这样告诉你：

"真心求死，就意味着你已懂得了自己生命的整体性，也就是真我的生命。"

死亡，可以说是人类一般意识中的事物。下面就让我们追寻海德格尔的思考轨迹，看一看他是如何让人人熟知的"死亡"呈现在日常生活中的。

海德格尔说，很多活在当下的人，每天都靠着无足轻重的空洞对话打发时间（他把这种状态叫作"颓落"）。他们用不痛不痒的日常闲谈与热烈的氛围空耗珍贵的时间，实际上没做任何有意义的事。他们忘却了自身固有的"死亡"，空虚度日。

死亡这件事，于是就变成了与自己无关的事情。人们想到

死亡，总是想到身边的什么人死了，把死亡理解为他人的死亡，却不会想到死亡也是与自己有关的事情。

可能在某一时刻，一个人会忽然间感受到隐约的"不安"，那是一种对未来的莫名不安。海德格尔说，它其实就是对死亡的不安，它让人们意识到，自己也会在某一时刻死去。人真的不能摆脱对死亡的不安，让这种不安转换为积极的想法吗？对此，海德格尔是这样认为的：

人在一生中能否"实现梦想""取得成功"是未可知的，与"实现梦想""取得成功"的可能性相比，"我会死去"的可能性是唯一能够让人真实感受到的。

任谁也不能从他人那里取走他的死……每一此在（人）向来都必须自己接受自己的死。只要死亡"存在"，它依其本质就向来是我自己的死亡。（摘自《存在与时间》第四十七节）

许多人都在用空虚的无谓话语与热烈的氛围混沌度日，而对所有人来说，死亡都是必将来临的。只有"死亡"才是人一定能够做到的事情。即便不主动寻死，人也必定会在某一时刻死亡。当一个人像这样真正意识到自己终将死亡的时候，就会表现出原本的自己，那是无法与任何人对调的、一生仅有一次的、无可取代的自己。

然而，真正把死亡与自己联系到一起原本就不是一件简单的事情。即便心里清楚，人依然还是想松懈度日，把死亡抛之脑后，快活地生活。知识很难战胜人对忘却死亡的"颓落"怀有的向往。

那些肉体、经济、精神都被逼入绝境，不得不认真考虑死亡的人又是什么样的呢？

被迫感受到"自己可以在任何时刻死去"的人，越是感受到死亡就在自己身边，就越会以鲜活生动的感性态度提前体会自己的整个人生。

他们靠感性，而非理性，体悟到了海德格尔所说的"先行到死中去"。

这难道不就是一种非常值得的宏大体验吗？一个人心里希望即刻死去的时候，一步踏错可能就会真的死亡。但是换个角度看，正因为这个人生动鲜活地感受到了死亡，新的可能才在他面前徐徐展开[1]。

---

[1] 旧金山的金门大桥是美国西海岸的"自杀圣地"，那里发生过众多目击者劝解意欲跳桥自杀的人打消自杀念头的案例。对打消了自杀念头的人展开的一项追踪调查结果显示，7年后，他们当中90%的人依然还活在世上。这一数据说明，只要人们挺过了精神负担最重的时期，就能够继续活下去。很多时候，自杀或许并不是人们在冷静思考后做出的合理选择，而是冲动之下的选择。然而另一方面，曾在TED演讲（《约翰·施拉姆：打破自杀生还者的沉默》）上讲述自己自杀未遂经历的斯坦福大学讲师约翰·施拉姆说过，第一次自杀未遂的人第二次自杀成功的概率能够达到从前的37倍。这就说明，有向死之心的人假如处在身边无人关爱的环境下，就会越发孤独，甚至会再次产生自杀的冲动。

瑞士临床心理学家卡尔·荣格认为，人的心理分"表里"两层，外表之下，人的另一个自我还在蠢蠢欲动。

举个例子，据说口口声声说想死的人，常常会梦到自己的死亡。荣格派的心理学家河合隼雄分析认为，这样的梦其实体现了一个人"希望毁灭现在的自我，重获新生"的愿望。口中倾诉"想死"，其实并不是想让自己的肉体死亡，而是想让自己现下的社会属性消亡，也就是"希望重获新生"。

那么，人能不能放弃令肉体死亡的自杀，而考虑令自己的社会属性消亡呢？

假如在陷入人生谷底后，上吊自杀，又或是撞车自杀，在肉体上死亡了，那就无法领悟到"自己竟然已经死过一次了"，也就无法向死而生，产生"总归要死的话，不如尽己所能大干一场"的心态。

请大家怀着"向死而生"的心态，全身心地面对和克服生活上的困苦、工作上的失败、人际关系上的问题和受欺凌的遭遇等一切让自己觉得无能为力的困难。

人只有在真正下定死亡的决心之时，才开始活在本源时间，即人生剩余的时间里[1]。

---

[1] 斯坦福大学心理学系教授兼老龄化中心所长劳拉·卡斯滕森倡导"社会情绪选择理论"，这是她根据实验得出的理论。该理论认为，人们在真正感知到人生剩余的时间后，就会把精力全部倾注在对自己而言最重要的事情，以及能够让人生得到满足的事情上，而且相比那些消极的信息，人们会更倾向于积极的信息。简单来说，就是"老年人更快乐"（参考：TED演讲《劳拉·卡斯滕森：老年人更快乐》）。更值得一提的是，卡斯滕森还对卡尼曼的"前景理论"提出了疑义。她说，感知到人生所剩无几的老年人（因为更倾向于关注积极的信息），其规避损失的意识不怎么强烈。

借用海德格尔的话来说，死亡就是不可超越的终极可能性，只有那些意识到死亡正在不断迫近的人，才能够看到真正的人生[1]。

与太宰治、坂口安吾同属于无赖派的战后作家石川淳，写下了这样一番体现了海德格尔哲学思想的语句。

> 其实，我常常会在深夜蹬着床站起身，毫无预兆地开始呼喊"去死吧"……我尚未死亡的秘密似乎就潜藏在这样的呼喊声里，大概就是"去死吧"这句话里的活力刹那间把我叫醒……（摘自《普贤》）

如果你无论如何都想寻死，那就叫嚷着"去死吧"，从深夜的床上跳起来试试。在这个时候，要是"去死吧"这句话里的语气里还残留着内心深处对生的向往——

你就能够明白，无论未来还有多少苦难等待着你，从今天起，你将真正活在自己的生命里。

---

[1] 凭借"先行到死中去"的学说，海德格尔的哲学征服了世人，这一哲学曾为纳粹的极权主义背书，由此变成战后哲学界必须跨越的一道重要难关。伊曼努尔·列维纳斯与雅克·德里达是反对海德格尔哲学的代表人物。哲学家列维纳斯是犹太人，经历了家人都被纳粹屠戮殆尽的悲惨过去，他批判了海德格尔哲学的自我完结性。海德格尔的哲学呼吁人们（此在）从面对死亡的不安中"觉醒到自己本来的面貌"，但这种呼吁终究只是人从自身内部发出的自我呼吁，"死亡"终究只是人自己的死亡。而在列维纳斯看来，"呼吁"应该来自容易受伤的"他者"，"死亡"也是"他者"的死亡。他从这个角度出发，论述了他者打开门迎入自己的"招待"伦理学。列维纳斯的知音，同时又是他的劲敌的法国哲学家德里达则专攻"解构"思想，尝试用若干个交流过程中的"传达"（自己的意图被曲解后传达到对方那边）概念分解并批判性地跨越海德格尔的受"自身内在的声音"一说强力支持的主体哲学思想，甚至试图重建欧洲的哲学体系。

海德格尔的答案

当把死亡当成自己的事情时，人就会觉醒到自己原本的生命。

推荐图书 :《存在与时间》

这本书虽然语言晦涩难懂，却透露出对胡塞尔现象学的熟稔，从日常感觉来论述不安与死亡。优秀哲学书的出色之处就体现在，尽管遣词造句有论文的风格，却还是能够让读者体悟到与自己的切身联系，从这一点上来说，《存在与时间》不愧被称为"二十世纪最好的哲学书"。

重病缠身

维特根斯坦早已给出答案

维特根斯坦 1889—1951

奥裔英籍哲学家，在剑桥时曾被哲学家罗素夸赞为天才。即便有如此过往，他的著作《逻辑哲学论》依然遭遇了一波三折的出版过程。因教职、战争，维特根斯坦数度舍弃哲学。他的三个兄弟死于自杀，他自己也被自杀的念头缠绕和困扰，但哲学以及设计和建筑姐姐宅邸的经历使他的精神最终恢复如常。

大家或许会觉得，没有患重病的人绝对无法体会重病缠身之人的心境。

对身患重病，治愈希望渺茫的人，哲学是如何劝慰的呢？

我们来看看奥裔英籍分析哲学派学者路德维希·维特根斯坦的故事吧。

维特根斯坦出身于有钢铁大王之称的豪富名门，这个家庭不存在生活疾苦，却似乎有很浓的自杀倾向。维特根斯坦的八个兄弟姐妹中，有三人自杀身亡，他自己也数次想过自杀。不过，他最终还是打消了自杀的念头，寿终正寝。维特根斯坦虽然著述不多，却在哲学史上留下了伟大的印记。

这个一心寻死的人为什么最终决定活下去了呢？

我们可以试着思索这个问题，从中找出能够消除罹患重病的烦恼的答案。

可以确定的是，维特根斯坦放弃自杀（决定活下去），得益于他对"哲学"的研究——思考哲学、叙述哲学、讲授哲学，这赋予了他健康的灵魂。

还有一个比较确定的原因——他经历了战争。青年时期的维特根斯坦担任小学教师时，第一次世界大战爆发，于是他辞去教职，报名加入了奥地利军队。对多次渴望死去的他来说，想真实地体会死亡临近的感觉大概也是他报名参军的动机之一。

担任小学教师时，维特根斯坦已经显得孤僻不合群，父母劝他辞职，学校也辞退了他。到了军队驻扎地，因出身于资产阶级，他同样遭到周围人的冷嘲热讽，被人群孤立，一度意志消沉。在《战时笔记》里，维特根斯坦真实记述了自己的从军经历。

> 没有工作。与许多军官在咖啡馆。大多数人的行为像猪一样。
>
> 在这里没有可以与之说些什么的人，因此我常常感到很沉重。但是，我将不顾所有这些强力而存活下去。（摘自《战时笔记》）

放到现在看，维特根斯坦就像是个没多少朋友的大学生，他口舌笨拙，不善交际，过度沉浸在自己的世界里。

即便过得不舒心，维特根斯坦依然继续着自己的从军生涯。当奥地利军队在俄罗斯军队面前颓势尽显时，维特根斯坦被派往了战事吃紧的东部战线。东部战线上的战争极尽惨烈，在那个激烈的战场上，维特根斯坦又特意申请承担危险更加一等的"高地监视"任务[1]。前文引用的《战时笔记》里有这样一段记录：

---

[1] 日本艺术大师冈本太郎也有过与维特根斯坦相似的经历。他早年曾留学巴黎，学习当时最流行的巴塔耶、莫斯思想及人类学，堪称日本当代首屈一指的知识分子。第二次世界大战的时候，冈本太郎也曾经被征召入伍。在部队里，军官让士兵们排成一队，然后一个个轮流殴打他们，这种事情犹如家常便饭一般，已成常态。冈本太郎说，殴打到第四位士兵的时候，军官的气势是最盛的，而他每次都主动当那个第四位士兵。之所以如此行事，一部分原因恐怕在于他对资产阶级知识分子的出身心怀叛逆，而更重要的原因，恐怕是想践行巴塔耶的"死亡哲学"，即"无目的，完全无意义的挑衅"。

或许明天我会被派到侦察员那里，这是我自己申请的。那时对于我来说战争才刚刚开始。而且人生——或许——也刚刚开始！或许死亡的临近给我带来了生命之光。愿上帝照亮我。（摘自《战时笔记》）

当时，俄军展开以布鲁西洛夫攻势闻名的猛攻，维特根斯坦所属的第七军只能全线败退，16000名将士中，只活下来了3500人，损失惨重（摘自鬼界彰夫《维特根斯坦如此思考》第三部）。那段时期前后，维特根斯坦向来絮絮叨叨的战时笔记也突然中断，遗留下来的部分记录也很少谈到对他而言（关乎生死般）极其重要的真相[1]。

然而——在奥地利军败走，生死一线之隔，不知何时死亡就会来临的危急形势下，《战时笔记》又突然开始再度迸出了记录他思想的语句。这些语句决定了他的代表作《逻辑哲学论》的研究方向，虽然晦涩粗糙，但对生活在现代的我们而言，却闪耀着直逼真相的智慧。

我知道：这个世界是存在的。

我位于它之中，就如同我的眼睛位于它的视野中一样。

---

[1] 这是一个对维特根斯坦来说足以改变命运的重大瞬间。像这样的事情还有很多，比如古代基督教中极其重要的神父奥古斯丁在其重要著作《忏悔录》中谈到曾经放荡不羁的自己在32岁那年遇到的令自己幡然醒悟，从而皈依基督教的命运转机，即神的启示时，就是以沉默来传达的。此外，虚构小说《源氏物语》在写到主人公光源氏临终场景时（"云隐"）也未着只言片语（默叙法）。

......

这个意义并非位于它之内，而是位于它之外。

那个生命就是世界。

我的意志渗透于世界之中。

......

我不能按照我的意志驾驭世界中的事情；相反，我是完完全全软弱无能的。（摘自《战时笔记》）

冲在战场最前线打探照灯的维特根斯坦，究竟看到了多么残酷的战况，我们不得而知。或许是他的同胞——被他在内心称为"猪"的军官同僚——在被炮火击中后呼喊、挣扎的模样，或许是一副又一副身躯被轰炸，鲜血与内脏迸射四溅的惨烈光景。

要打探照灯的维特根斯坦也无法再继续自己的写作，他在只能"目视"的地狱图景里，领悟到"世界是独立于我的意志的"。他可能会想，战况继续恶化下去，自己也很快就会草草死去；又或者，自己也许还能捡回一条命，谁知道呢。

一切都交到了命运手上。维特根斯坦无法掌控"包围着我的世界上的事情是如何发生的"，无法影响世上发生的事情。他感到自己对世上发生的事情无能为力。

然而，维特根斯坦还写下了这样一句话：

只有经由如下方式我才能使我独立于世界——因此在某种意义上说的确控制了它：我放弃对事情的任何影响。（摘自《战时笔记》）

　　你不妨试着放弃支配、掌控世上发生在自己身上的事情的想法，或试着采取漠不关心的态度。如此一来，你会感觉到自己恰恰就像维特根斯坦一般，把眼前枪林弹雨威胁自己的生命，悲鸣、怒号与叫骂纷杂交织的凄惨战况，把声音、影像，把五官能够感受到的所有一切都拉得更近，放在面前细细端详。

　　这样，你就能够独立于世界。无论世界内部多么残酷、恶劣、血腥，又或是多么豪华、奢靡、享乐，它们在你眼里全都没有意义，你对它们漠不关心。不在世界内部东张西望，从世界"外部"观察世界内部的事情，就能够看到身处世界之内的自己，看到一条生路出现在自己面前。由此，无论多么不得志，我们都能够"独立"于世界，甚至可以从外部"控制"世界。维特根斯坦就是这样认为的。

　　虽说战争与重病带来的生命危机是同等的，但它们在本质上大概是截然不同的。在这个世界内部，总有一些靠自己的意志、能力，用尽一切方法，努力到底也无法扭转的事情。尽管事实如此，但对我们来说，世界以及世界的存在本身就是奇迹。我们可以告诉自己，活在这样的一个世界里吧，幸福地活下去吧 [1]。

---

[1] 电影导演德里克·贾曼极为推崇维特根斯坦，还为他拍摄了一部传记电影《维特根斯坦》。德里克·贾曼是同性恋者，在这部电影上映前患上了艾滋病。那个年代还没有固定的艾滋病疗法，他就在伦敦的郊区疗养身体。从确诊到死亡的六年时（转下页）

神秘不是世界如何存在，而是存在世界这件事本身。（摘自《战时笔记》）

只要生命仍在，那么我们看到的、感受到的世界就在。所以，只要生命仍在，我们就能够告诉自己，要幸福地活着。"唯有能够放弃世界乐趣的生活才是幸福的"说的也就是这个道理。

维特根斯坦虽然几度想要自杀，但最终还是活了下来。他最后因前列腺癌去世，终年62岁，生前留下了这样一句话：告诉大家，我度过了精彩的一生。

维特根斯坦的《逻辑哲学论》以"世界是所有实际情况"为开篇序言，以"对于不可言说的东西，人们必须以沉默待之"结束全书，没有再做更多详述，逻辑上带有神秘的色彩。不过在《战时笔记》中，他清楚地写下了这句话：

幸福地生活吧！（摘自《战时笔记》）

读至此处，想必大家早已领悟到了维特根斯坦定义的"幸福"——不被世上的乐事与痛事所扰。

（接上页）间里，德里克·贾曼专注于打理自己的庭院。院子被他打理得美不胜收，就像在歌颂这个世界，丝毫看不出院子的主人身患在那个年代还十分可怕的艾滋病。直到现在，依然有很多人前去观赏这个院子。德里克·贾曼打理庭院，就是在向世人宣告"死亡让生命富有创造力"。他践行了维特根斯坦写在《战时笔记》里的"即便悲惨，也要肯定这个世界、幸福生活的方法"。

维特根斯坦的答案

我们无法改变世界上的事实，却
能够决定幸福地活在这个世界上。

推荐图书：《逻辑哲学论》

维特根斯坦在战场上活了下来，他根据战时记录下来的思
考著书立说，终于在战争即将结束时完成了《逻辑哲学论》的底
稿。在《逻辑哲学论》中，一个无法相信"世事必然"的人，从
零开始——检视世界的真相，给我们提供了重新认识世界的视角。

结

语

人生，是由接连不断的痛苦串起来的。

被喜欢的人抛弃，梦想破灭，遭遇背叛，然后在某个时刻患病，死亡。

人生从不如人所愿。痛苦、烦恼总比快乐、幸福多得多。

当我想到这些天经地义的真相时，能够想起的哲学家，就是尼采。

那个时代的欧洲沉浸在虚无主义之中，认为世上没有任何东西值得人们相信，也没有任何有价值的事物。尼采也因一生一遇的恋情破灭而感到痛苦，烦闷不堪，但他最终肯定了"时间只是无意义地周而复始"的认识，提出"上帝已死"的冲击性宣言，由此思索出《查拉图斯特拉如是说》中提到的"命运之爱"的思想。

在人生选择的局面里，即便自己选错了路，即便在那之后还要遭遇多么悲惨的命运，我们还是要热爱命运，因为人生仅有一次。尼采提出了"永劫回归"的思想，即除了喜悦，痛苦、烦恼也会再度轮转回来。这个用于肯定人生的概念，想必会与尼采死前发疯十年的惨痛事实一起，在深陷烦恼的我们心中激起深深的共鸣。

夏目漱石曾以当时为数不多的文部省公派留学生的身份赴伦敦求学。在那里，他无法适应英国文学与英国文化，内心痛苦压抑。然而在知道尼采的《查拉图斯特拉如是说》有英译本后，他写下了满满的读书笔记，翻来覆去地研读那本书，从中得到了鼓舞。之后，夏目漱石产生"（不迎合世俗的）自我本位"思想。回国后，他创作了大名鼎鼎的《我是猫》，走上小说家的道路，舍弃在当时堪称最高权威的东京大学讲师的职位，进入了朝日新闻社。

把目光投向古代亚洲，我们会看到代表了东方思想的佛教始祖乔答摩·悉达多。乔答摩·悉达多认为，人生有"四苦八苦"，四苦为生、老、病、死，在四苦之上加上爱别离苦、怨憎会苦、求不得苦、五蕴炽盛苦，是为八苦。

乔答摩·悉达多怀着极端的"消极思想"，离开了生养自己的家乡。若是继续留在那里，他日后就会成为当地的国王。尽管如此，乔答摩·悉达多依然决心游历各国，最终形成了"缘起"的思想。他把人生看作一场"故事"，消除了烦恼，豁然开悟，抵达了超脱悲喜的"涅槃"。对人生中的烦恼堆积等身的一个个人来说，悉达多经历漫长深重的烦恼，成长为"开悟之人"（佛陀）的过程，其实也鼓舞了生活在烦恼之中的我们，不是吗？

到了近代，传播禅宗训诫的书被译成英语，传入美国西海岸，还影响了史蒂夫·乔布斯，推动年轻的乔布斯浪迹印度。

乔布斯被自己一手创办的苹果公司解雇时，是禅的精神支撑着他，告诉他"失去一些东西，变得贫穷之时，收获才会更加丰富"，"舍弃非本质的东西，只关注重要的事情，就能够得到巨大的果实"。回归苹果，出任CEO后，乔布斯发布了iPhone。

无论是对古今中外的伟人名士，还是对我们普通人来说，烦恼都像人生中的"密友"一般。只要活着，人就无法逃离烦恼。今后的人生里，大概还会有更多的烦恼与痛苦。

正因如此，我们才要理解哲学家们历尽苦思后得出的哲学思想，这必定有助于我们恰当地应对接下来的烦恼。

如果你正面临令人绝望的深重烦恼，不妨看看先贤哲人们倾注一生心血写就的书。这些书会指引你跨越烦恼。感到人生艰难的时候，亲近拯救自我的哲学，你的内心会强大起来，正如曾经的夏目漱石、乔布斯一般。

未来的日子里，让我们以哲学为武器，好好活着吧！

＊　＊　＊

最后，由衷感谢百忙之中依然仔细审稿的东京大学教养系古庄真敬副教授，为我提供了宝贵意见的白鸥大学青崎智行教授、泽谷郁子女士、辻本沙织女士，讲谈社的原田隆先生（已故）、高田晋一先生，还有为我提供支持的重要朋友，以及我的父母。

还要感谢为本书提供了精美装帧设计服务的九月牛仔公司的吉冈秀典先生，感谢我初高中起的两位老朋友水野敬也、山本周嗣。

2017 年 12 月 吉日

小林昌平

参考资料

菅野觉明、熊野纯彦、山田忠彰主编，日本文部科学省审定教材，高等学校用书，《新伦理（新修版）》，日本清水书院，暂无中译本

滨井修、小寺聪著，日本文部科学省审定教材，高等学校公民学科用书，《现代伦理（修订版）》，日本山川出版社，暂无中译本

小寺聪编，《再读山川伦理》，日本山川出版社，暂无中译本

岸本美绪、羽田正等著，日本文部科学省审定教材，高等学校地理历史学科用书，《世界史B 新世界史B》，日本山川出版社，暂无中译本

田中正人著，斋藤哲也编修，《哲学用语图鉴》，日本钻石社，暂无中译本

序言

日本NHK"你不知道的大英博物馆"项目组编著，《NHK专题 你不知道的大英博物馆：古埃及》，NHK出版

鲍伯·霍尔姆斯、詹姆斯·兰德森著，《小小的黏土板是科学最大的损失》，收录于《新科学家》，2003年5月10日

Bob Holmes and James Randerson, *Humble clay tablets are greatest loss to science*, *New Scientist*, 2003.5.10

烦恼1：未来，我能否养活自己

亚里士多德著，《尼各马可伦理学》，廖申白译注，商务印书馆，2003年

亚里士多德著，《形而上学》，吴寿彭译，商务印书馆，1997年

鬼界彰夫著，《生活与哲学》，日本讲谈社，暂无中译本

桑子敏雄著，《现实：亚里士多德哲学的创造》，日本东京大学出版会，暂无中译本

岸见一郎、古贺史健著，《被讨厌的勇气："自我启发之父"阿德勒的哲学课》，渠海霞译，机械工业出版社，2015年

伊壁鸠鲁、卢克来修著，《自然与快乐：伊壁鸠鲁的哲学》，包利民、刘玉鹏、王纬纬译，中国社会科学出版社，2004年

日本NHK"行家本色"系列纪录片，《美栖息在自律的每一天里：歌舞伎演员坂东玉三郎的事业》（DVD），2008年1月15日播放

※"尽己所能，前路自开"是社会招聘杂志*DODA*曾经的宣传语。

烦恼2：忙碌，没时间

亨利·柏格森著，《时间与自由意志》，吴士栋译，商务印书馆，2011年

亨利·柏格森著，《物质与记忆》，冯怀信译，北京时代华文书局，2018年

杉山直树著，《何谓"自由生活"：柏格森〈时间与自由意志〉》[收录于左近司祥子编著《西洋哲学10册》（日本岩波少年新书）]，暂无中译本

金森修著，《柏格森：人是过去的奴隶吗》，日本NHK出版，暂无中译本

小林秀雄著，《小林秀雄全集〈别卷1〉感想（上）》，日本新潮社，暂无中译本

泷口范子著，《行动主义：雷姆·库哈斯实录》，日本TOTO出版，暂无中译本

石川善树著，《打造不疲惫的大脑的生活习惯：写给职场人士的正念减压课》，日本President社，暂无中译本

山口周著，《外资咨询公司的超强简报术：图解23种表达技巧》，日本东洋经济新报社，暂无中译本

博客"内田树的研究室"，《物质与记忆》(http://blog.tatsuru.com/2004/07/18_1729.html)，2004年7月18日

烦恼3：我想变成有钱人

马克斯·韦伯著，《新教伦理与资本主义精神》，简惠美、康乐译，广西师范大学出版社，2010年

仲正昌树著，《读马克斯·韦伯》，日本讲谈社，暂无中译本

小室直树著，《写给日本人的宪法原论》，日本集英社，暂无中译本

渡边一夫著，《法国文艺复兴的大师们》，日本岩波文库，暂无中译本

博客"世界史之眼"第140话，《瑞士新风》(https://www.worldhistoryeye.jp/140.html)

尤瓦尔·赫拉利著，《人类简史：从动物到上帝》，林俊宏译，中信出版社，2014年

日本NHK"走近现代"系列纪录片，《寻找"幸福"：人类250万年之旅～备受大人物们关注的全球最畅销图书[1]》，2017年1月4日播放

托马斯·皮凯蒂著，《21世纪资本论》，巴曙松等译，中信出版社，2014年

---

[1] 这里的"全球最畅销图书"指的是尤瓦尔·赫拉利的《人类简史》。

烦恼 4：我有想做的事，却没有勇气付诸行动

笛卡尔著，《谈谈方法》，王太庆译，商务印书馆，2000年

谷川多佳子著，《读笛卡尔〈谈谈方法〉》，日本岩波现代文库，暂无中译本

小林道夫著，《笛卡尔入门》，日本筑摩新书，暂无中译本

铃木宏昭著，《认知科学素养》，日本东京大学出版会，暂无中译本

丹·艾瑞里著，《怪诞行为学》，赵德亮、夏蓓洁译，中信出版社，2010年

博客"何时开始？ 就是现在！：林修官方博客"，《回顾繁忙的1月⑥ ~ WBS〈谈谈方法〉~》，2014年2月1日

烦恼 5：想辞职，却又不敢

吉尔·德勒兹著，《资本主义与精神分裂：反俄狄浦斯》，日本河出文库，暂无中译本

吉尔·德勒兹、加塔利著，《资本主义与精神分裂（卷2）：千高原》，姜宇辉译，上海书店出版社，2010年

吉尔·德勒兹、帕尔奈著，《对话》，董树宝译，河南大学出版社，2019年

吉尔·德勒兹著，《哲学与权力的谈判》，刘汉全译，商务印书馆，2001年

迈克尔·哈特、安东尼奥·奈格里著，《大同世界》，王行坤译，中国人民大学出版社，2015年

浅田彰著，《结构与力：超越符号论》，日本劲草书房，暂无中译本

浅田彰著，《逃离论：精神分裂儿童的冒险》，日本筑摩文库，暂无中译本

东浩纪著，《无言论：观光客的哲学》，日本言论出版公司，暂无中译本

千叶雅也著，《不可妄动：吉尔·德勒兹与生成变化的哲学》，日本河出书房新社，暂无中译本

博客"语言空间＋备忘录"，《"纹理空间"与"平滑空间"》，2011年10月13日

博客"Philosophy Guides"，《解读德勒兹、加塔利〈反俄狄浦斯：资本主义与精神分裂〉》（https://www.philosophyguides.org/decoding/decoding-of-deleuze-anti-oedipus/）

烦恼 6：陷入紧张情绪

佛陀著，《佛陀的真理与感悟之言》，日本岩波文库，暂无中译本

佛陀著，星云大师监修，《大般涅槃经》，高振农释译，东方出版社

中村元著，《原始佛教的思想与生活》，日本 NHK BOOKS，暂无中译本

植木雅俊著，《与〈法华经〉及中村元先生的邂逅》，收录于《图书》，2008 年 12 月号

鱼川祐司著，《佛教的原点：什么是"开悟"》，日本新潮社，暂无中译本

地桥秀雄著，《佛陀的冥想法：内观禅修理论与实践》，日本春秋社，暂无中译本

赖住光子著，《日本的佛教思想——通过读原文开始佛教入门》，日本北树出版，暂无中译本

名越康文著，《固有一死，缘何求生》，日本 PHP 新书，暂无中译本

熊野宏昭著，《战胜压力的生活法——心灵、身体和大脑的自我护理》，日本筑摩新书，暂无中译本

《在辗转难眠的夜晚，试试"认知转换睡眠法"：瞬间入睡引发海外热议》，日本 NewSphere，2017 年 5 月 17 日

草薙龙瞬著，《无反应练习》，日本角川，暂无中译本

凯特·皮克尔特著，《正念革命》，收录于《时代周刊》，2014 年 2 月 3 日

一行禅师著，《活得安详》，明洁、明尧译，海南出版社，2011 年

一行禅师著，《正念的奇迹》，丘丽君译，中央编译出版社，2010 年

释彻宗著，《NHK 电视节目台本 100 分钟读懂名著：2017 年 6 月〈维摩经〉》，日本 NHK 出版，暂无中译本

烦恼 7：长得不好看

萨特著，《存在与虚无》，陈宣良等译，杜小真校，生活·读书·新知三联书店，1997 年

萨特著，《恶心》，杜长有译，中国友谊出版公司，1999 年

萨特著，《存在主义是一种人道主义》，周煦良、汤永宽译，上海译文出版社，2012 年

松浪信三郎著，《存在主义》，日本岩波新书，暂无中译本

海老坂武著，《NHK 电视节目台本 100 分钟读懂名著：2015 年 11 月〈存在主义是一种人道主义〉》，日本 NHK 出版，暂无中译本

NHK 网络电视，"剑桥火热教学"第二集《美丑现象学》，2014 年 10 月 17 日播放

大泽真幸、市野川容孝对谈，《自由之难：如何挣脱牢狱？》，2015 年 5 月 29 日

衡山奈那著，《对立的存在主义绘画论——梅洛–庞蒂早期的"塞尚色彩"的意义》，东京艺术大学美术系毕业论文，2005 年 4 月创刊号

博客"NAMs 出版项目"，《萨特与德勒兹：笔记》，2015 年 11 月 3 日

烦恼8：忆起不愿想起的过去

尼采著，《查拉图斯特拉如是说》，钱春绮译，生活·读书·新知三联书店，2007年

尼采著，《悲剧的诞生》，孙周兴译，商务印书馆，2012年

吉尔·都鲁兹著，《解读尼采：尼采哲学导读图》，张唤民译，百花文艺出版社，2000年

竹田青嗣著，《尼采入门》，日本筑摩新书，暂无中译本

浅田彰、岛田雅彦著，《天使经过》，日本新潮文库，暂无中译本

池田嘉郎、上野慎也、村上卫、森本一夫编，《读名著学世界史120》，日本山川出版社，暂无中译本

烦恼9：对比他人，自觉沮丧

米哈里·契克森米哈赖著，《当下的幸福：我们并非不快乐》，张定绮译，中信出版社，2011年

米哈里·契克森米哈赖著，《发现心流：日常生活中的最优体验》，陈秀娟译，中信出版集团，2018年

米哈里·契克森米哈赖著，*Good Business: Leadership, Flow, and the Making of Meaning*，暂无中译本

TED演讲，《米哈里·契克森米哈赖：谈心流》，2004年2月

丸山真男著，《日本的思想》，区建英、刘岳兵译，生活·读书·新知三联书店，2009年

菊地成孔著，《自卑≠情结：菊地成孔讲述多形倒错的世界》，Logmi，2015年8月12日

《被讨厌的勇气》日本官网："阿德勒式烦恼咨询室"（http://book.diamond.ne.jp/kirawareruyuki/consultation/）

三岛由纪夫著，《〈金阁寺〉创作笔记》，收录于《最终版三岛由纪夫全集〈6〉长篇小说（6）》，日本新潮社，暂无中译本

叔本华著，《人生的智慧》，韦启昌译，上海人民出版社，2008年

罗素著，《幸福之路》，吴默朗、金剑译，中央编译出版社，2009年

三岛由纪夫著，《关于努力》，收录于《新恋爱讲座》，林皎碧译，北京时代华文书局，2013年

烦恼 10：渴望受到他人认可与追捧

斯拉沃热·齐泽克著，《如何阅读拉康》，美国诺顿公司，暂无中译本

斯拉沃热·齐泽克著，《斜目而视：透过通俗文化看拉康》，季广茂译，浙江大学出版社，2011 年

新宫一成著，《拉康精神分析》，日本讲谈社现代新书，暂无中译本

本·帕尔著，《抢占注意力》，周昕译，中信出版社，2018 年

莲实重彦×浅田彰对话，《"空白年代"之后的二十年》，收录于《中央公论》，2010 年 1 月号

浅田彰×福田和也对话，收录于扶桑社《SPA！》，2014 年 2 月 11、18 日合订号

博客 "Les yeux clos"，《我要变强：不灭的幼儿愿望》，2014 年 2 月 10 日

博客 "如此种种……日记一类"，《幽灵式，外星人式，康德式》，2009 年 6 月 17 日

佐藤康弘著，《你需要加深了解的伊藤若冲生涯及作品（修订版）（艺术新手系列）》，日本东京美术，暂无中译本

上野修著，《斯宾诺莎的世界：神或自然》，日本讲谈社现代新书，暂无中译本

西研著，《关于"至高的事物"》（竹田青嗣、西研著《完全解读黑格尔〈精神现象学〉》后记，讲谈社选书 Metier），2007 年 11 月

彼得·蒂尔·布莱克·马斯特斯著，《从 0 到 1：开启商业与未来的秘密》，高玉芳译，中信出版社，2015 年

橘玲著，《硅谷创业家们的思想与价值观——埃隆·马斯克及彼得·泰尔的思考方式：学校学不到的世界近现代史入门》，日本文春在线，2017 年 8 月 27 日

理查德著，《彼得·泰尔解释一本深奥的哲学书如何塑造了他的世界观》，《商业内参》，2014 年 11 月 10 日

植岛启司著，《运气大于实力》，日本角川新书，暂无中译本

池田嘉郎、上野慎也、村上卫、森本一夫编，《读名著学世界史 120》，日本山川出版社，暂无中译本

烦恼 11：减肥大业难以为继

约翰·穆勒著，《功利主义》，徐大建译，商务印书馆，2008 年

约翰·穆勒著，《论自由》，许宝骙译，商务印书馆，2005 年

约翰·穆勒著，《约翰·穆勒自传》，吴良健等译，商务印书馆，1987 年

小寺聪编，《再读山川伦理》，日本山川出版社，暂无中译本

永井均著，《何为伦理：一只猫发起挑战》，日本筑摩学艺文库，暂无中译本

藤永保著，《幼儿教育的思索》，日本岩波新书，暂无中译本

烦恼12：总是隐约感到不安

霍布斯著，《利维坦》，黎思复、黎廷弼译，商务印书馆，1985年

罗兰·巴特著，《文之悦》，屠友祥译，上海人民出版社，2009年

饭野和夫，《看霍布斯、卢梭社会思想里的恐怖：以恐怖为视角的思想史一观》，名古屋大学研究生院国际语言文化研究科，语言文化研究丛书6，2007年

国分功一郎著，《近代政治哲学——自然、主权、行政》，日本筑摩新书，暂无中译本

安迪·格鲁夫著，《只有偏执狂才能生存》，安然、张万伟译，中信出版社，2010年

永井均著，《何为伦理：一只猫发起挑战》，日本筑摩学艺文库，暂无中译本

池田嘉郎、上野慎也、村上卫、森本一夫编，《读名著学世界史120》，日本山川出版社，暂无中译本

博客"永井俊哉.com"，《卢梭的怀旧是对的吗》（ https://www.nagaitoshiya.com/ja/1999/rousseau-nostalgia-illusion/ ），1999年12月4日

伊壁鸠鲁著，《自然与快乐：伊壁鸠鲁的哲学》，包利民、刘玉鹏、王纬译，中国社会科学出版社，2004年

洪应明著，《菜根谭》，中华书局，2008年

博客"健康食品·营养补充剂元素"，《大麦苗》

烦恼13：在意他人眼光

米歇尔·福柯著，《规训与惩罚》，刘北成、杨远婴译，生活·读书·新知三联书店，2003年

米歇尔·福柯著，《性经验史》，佘碧平译，上海人民出版社，2016年

米歇尔·福柯著，莲实重彦、渡边守章审定，小林康夫、石田英敬、松浦寿辉编，《米歇尔·福柯思索集锦IX（1982—1983）：自我/统治性/快乐》，日本筑摩书房，暂无中译本

米歇尔·福柯著，《同性恋与生存美学》，暂无中译本

浅田彰、岛田雅彦著，《天使经过》，日本新潮文库，暂无中译本

浅田彰著，《结构与力：超越符号论》，日本劲草书房，暂无中译本

中山元著，《福柯入门》，日本筑摩新书，暂无中译本

樱井哲夫著，《福柯：知识与权力》，姜忠莲译，河北教育出版社，2001年

重田圆江著，《米歇尔·福柯——从背面解读现代》，日本筑摩新书，暂无中译本

东浩纪、大泽真幸著，《思考自由："9·11"以来的现代思想》，日本NHK出版，暂无中译本

国分功一郎著，《中动态的世界：意志与责任考古学》，日本医学书院，暂无中译本

冈本裕一朗著，《法国现代思想史：从结构主义到德里达其后》，日本中公新书，暂无中译本

冈本裕一朗著，《世界上的哲学家目前的思索》，日本钻石社，暂无中译本

森博嗣著，《创造自由，自在生活》，日本集英社新书，暂无中译本

烦恼14：被人看不起

阿德勒著，《自卑与超越》，黄光国译，作家出版社，1986年

岸见一郎、古贺史健著，《被讨厌的勇气："自我启发之父"阿德勒的哲学课》，渠海霞译，机械工业出版社，2015年

《被讨厌的勇气》日本官网："阿德勒式烦恼咨询室"（http://book.diamond.ne.jp/kirawareruyuki/consultation/）

河合隼雄著，河合俊雄编，《荣格心理学入门："心理疗法"系列》，日本岩波现代文库，暂无中译本

史蒂芬·柯维著，《高效能人士的七个习惯》，高新勇、王亦兵、葛雪蕾译，中国青年出版社，2015年

博客"野田俊作的修正项"，《基础讲座应用篇（2）》（http://www.jalsha.cside8.com/diary/2016/02/21.html），2016年2月21日

博客"野田俊作的修正项"，《翻译完了我就去放风筝》（http://www.jalsha.cside8.com/diary/2017/02/11.html），2017年2月11日

岸见一郎著，《NHK电视节目台本100分钟读懂名著：2016年10月〈自卑与超越〉》，日本NHK出版，暂无中译本

博客"一路用阿德勒心理学给自己打气30年的'勇气的传道士'Human Guild有限公司的岩井俊宪的官方博客"，《谈阿德勒心理学热潮（16）：关于课题分离（2）》，2014年4月18日

鲁道夫·德雷库斯、唐·丁克迈耶，《鼓励孩子学习》，2000年，暂无中译本

冈本太郎著，《怀毒：你能舍弃"一般人"吗》，日本青春文库，暂无中译本

烦恼15：讨厌上司，难以相处

斯宾诺莎著，《伦理学》，贺麟译，商务印书馆，1998年

斯宾诺莎著，《神学政治论》，温锡增译，商务印书馆，1963年

吉尔·德勒兹著，《斯宾诺莎的实践哲学》，冯炳坤译，商务印书馆，2004年

安东尼奥·达马西奥著，《寻找斯宾诺莎》，孙延军译，教育科学出版社，2009年

上野修著，《斯宾诺莎的世界：神或自然》，日本讲谈社，暂无中译本

上野修著，《哲学家们的奇境：十七世纪的情形》，日本讲谈社，暂无中译本

山本贵光、吉川浩满著，《脑科学读写能力讲座：大脑明白了，心会明白吗》，日本太田出版，暂无中译本

清水礼子著，《被驱逐的哲学：斯宾诺莎的一生与思想》，日本美玲书房，暂无中译本

佐佐木能章著，《莱布尼茨术：单子编辑世界》，日本工作舍，暂无中译本

马基雅维里著，《君主论》，潘汉典译，商务印书馆，1985年

铃木博毅著，《胜利的法则》，邓一多译，江西人民出版社，2017年

烦恼16：讨厌家人

汉娜·阿伦特著，《极权主义的起源》，林骧华译，生活·读书·新知三联书店，2008年

汉娜·阿伦特著，《人的境况》，王寅丽译，上海人民出版社，2009年

汉娜·阿伦特著，《艾希曼在耶路撒冷：一份关于平庸的恶的报告》，安尼译，译林出版社，2017年

高桥哲哉以《宽恕与约定——关于阿伦特的〈行动〉》（《哲学》，1998年4月号）为开端，围绕“宽恕”展开的一系列讨论

冈里勇希著，《从过往问题看伦理Ⅱ》

《杀害家人的案例增加：去年的杀人案件中，亲人间杀人占53.5%》（主要是精神科医生影山任佐的见解），*SAPIO*，2015年1月号

电影《汉娜·阿伦特》，玛加雷特·冯·特罗塔（导演），2012年上映

矢野久美子著，《汉娜·阿伦特：生活在“战争世纪”的政治哲学家》，日本中公新书，暂无中译本

NHK“视点·论点”系列，矢野久美子和《汉娜·阿伦特与“平庸的恶”》，2014年6月25日播放

博客“英语教育的哲学性探究2”，《关于人的多样性：来自阿伦特〈人的境况〉》，2016年6月2日

岩田靖夫著，《欧洲思想入门》，日本岩波Junior新书，暂无中译本

东浩纪著，《存在论的、邮政的雅克·德里达》，日本新潮社，暂无中译本

高桥源一郎著，《第四章：用哲学思考伏尔泰的〈论宽容〉》，收录于《NHK100分钟读懂名著附册"思考和平"》，日本NHK出版，暂无中译本

伏尔泰著，《论宽容》，蔡鸿滨译，花城出版社，2007年

烦恼17：恋人、夫妻间争吵不断

黑格尔著，《精神现象学》（上、下两卷），贺麟、王玖兴译，商务印书馆，1979年

黑格尔著，《历史哲学》，王造时译，上海书店出版社，2006年

黑格尔著，《法哲学原理》，张企泰、范扬译，商务印书馆，1997年

亚历山大·科耶夫著，《黑格尔导读》，姜志辉译，译林出版社，2005年

冈本裕一朗著，《黑格尔与现代思想的临界：后现代主义的鸱鸺们》，日本中西屋出版，暂无中译本

竹田青嗣、西研著，《超级解读！黑格尔〈精神现象学〉入门》，日本讲谈社，暂无中译本

三浦勤著，《辩证法是什么样的科学》，日本讲谈社，暂无中译本

罗曼·罗兰著，《贝多芬传》，傅雷译，人民音乐出版社，1978年

狄奥多·阿多诺著，《贝多芬：阿多诺的音乐哲学》，暂无中译本

鸟山明著，《龙珠》，牟琳译，中国少年儿童出版社，2005年

高桥史彦，《"大发现！我的电子书"【名作】变革少年漫画的顶尖人气作品〈龙珠〉》，NICONICO视频网站，2013年4月6日

乔斯坦·贾德著，《苏菲的世界》，萧宝森译，作家出版社，1999年

须田朗著，《〈苏菲的世界〉哲学导读》，日本NHK出版，暂无中译本

洪应明著，《菜根谭》，中华书局，2008年

烦恼18：出轨

康德著，《纯粹理性批判》，邓晓芒译，人民出版社，2004年

康德著，《道德形而上学原理》，苗力田译，上海人民出版社，2005年

康德著，《道德形而上学奠基》，杨云飞译，人民出版社，2013年

康德著，《实践理性批判》，邓晓芒译，人民出版社，2004年

康德著，《判断力批判》，邓晓芒译，人民出版社，2002年

永井均著，《何为伦理：一只猫发起挑战》，日本筑摩学艺文库，暂无中译本

小田部胤久著，《西方美学史》，日本东京大学出版会，暂无中译本

石川文康著，《康德入门》，日本筑摩新书，暂无中译本

御子柴善之著，《自主思考的勇气：康德哲学入门》，日本岩波Junior新书，暂无中译本

龟山早苗编，《人为什么出轨》，日本SB新书，暂无中译本

烦恼19：失去珍重的人

西格蒙德·弗洛伊德著，《哀悼与忧郁》，日本光文社古典新译文库，暂无中译本

西格蒙德·弗洛伊德著，《超越快乐原则》，收录于车文博主编，《弗洛伊德文集6：自我与本我》，长春出版社，2004年

伊丽莎白·库伯勒·罗斯、大卫·凯思乐著，《当绿叶缓缓落下：与生死学大师的最后对话》，张美惠译，四川大学出版社，2008年

伊丽莎白·库伯勒·罗斯著，《下一站，天堂：生死学大师谈死亡与临终》，易菲译，译林出版社，2014年

堀江宗正著，《历史中的宗教心理学：宗教心理学的形成与布局》，暂无中译本

博客"Keyword Project+Psychology：心理学百科博客"，《西格蒙德·弗洛伊德的晨间工作（哀悼与忧郁）与暴躁防卫》（http://digitalword.seesaa.net/pages/user/m/article?article_id=417765238），2015年4月23日

博客"Lady Satin's English Poject"，《译词的世界～〈泪洒天堂〉——埃里克·克莱普顿（日译）》（https://ladysatin.exblog.jp/20871259/），2013年11月17日

贾雷德·戴蒙德等著，吉成真由美采编，《智慧的逆转》，日本NHK出版新书，暂无中译本

佛陀著，《佛陀的真理与感悟之言》，日本岩波文库，暂无中译本

濑户内寂听著，《人生在世便是相逢》，刘薇译，华文出版社，2013年

草薙龙瞬著，《无反应练习》，日本角川，暂无中译本

大江健三郎著，《人生的亲戚》，暂无中译本

村上春树著，《哈纳莱伊湾》，收录于《东京奇谭集》，林少华译，上海译文出版社，2006年

木村纯二著，《折口信夫——愤慨的心》，日本讲谈社学术文库，暂无中译本

烦恼20：没有想做的事，每天的生活了无乐趣

道元著，《典座教训·赴粥饭法》，日本讲谈社，暂无中译本

大慧宗杲著，董群点校，《正法眼藏》，中州古籍出版社，2016年

井筒俊彦著，《意识与本质：探索东方精神》，日本岩波文库，暂无中译本

名越康文著，《固有一死，缘何求生》，日本PHP新书，暂无中译本

赖住光子著，《日本的佛教思想——通过读原文开始佛教入门》，日本北树出版，暂无中译本

赖住光子著，《道元的思想：自我·时间·世界如何成立》，日本NHK出版，暂无中译本

赖住光子著，《道元的思想：解读大乘佛教的真髓》，日本NHK出版，暂无中译本

赖住光子，《来自道元的生活智慧》（http://www7.plala.or.jp/bumboo/amulet/hs/npfile/2013/hs_b_6_4.html），日本中日新闻，2013年2月2日

烦恼21：面临人生选择

丹尼尔·卡尼曼著，《思考，快与慢》，胡晓姣、李爱民、何梦莹译，中信出版社，2012年

丹尼尔·卡尼曼著，《丹尼尔·卡尼曼的诺贝尔奖演讲和其他论文》，暂无中译本

迈克尔·刘易斯著，《思维的发现：关于决策与判断的科学》，钟莉婷译，中信出版社，2018年

丹尼尔·卡尼曼、阿莫斯·特沃斯基著，《前景理论：风险下的决策分析》，收录于《经济计量学》，1979年3月

丹尼尔·卡尼曼、阿莫斯·特沃斯基著，《前景理论的进展：不确定性的累积表现形式》，收录于《风险与不确定性杂志》，1992年

希娜·艾扬格著，《选择：为什么我选的不是我要的？》，林雅婷译，中信出版社，2019年

依田高典著，《现代经济学（广播大学教材）》，日本广播大学教育振兴会，暂无中译本

铃木宏昭著，《认知科学素养》，日本东京大学出版会，暂无中译本

后藤顺一郎，"老头幸福论"系列文章《人类无法做出合理选择》（https://diamond.jp/articles/-/34131），钻石社在线，2013年4月3日

清水胜彦著，《"理想论"无法让人做出真正好的选择：希娜·艾扬格著〈选择：为什么我选的不是我要的？〉（4）》，日经Biz学术，2014年5月27日

长谷川寿一、长谷川真理子著，《进化与人类行为》，日本东京大学出版会，暂无中译本

阿图·葛文德著，《最好的告别：关于衰老与死亡，你必须知道的常识》，彭小华译，浙江人民出版社，2015年

植岛启司著，《偶然的力量》，日本集英社新书，暂无中译本

盐野七生著，《罗马人的故事4：恺撒时代（上）》，张辉译，中信出版社，2012年

野口悠纪雄著，《商业模式创造世界史》，日本新潮选书，暂无中译本

纳西姆·尼古拉斯·塔勒布著，《黑天鹅：如何应对不可知的未来》，万丹、刘宁译，中信出版社，2011年

罗伯特·B.西奥迪尼著，《影响力》，闾佳译，浙江人民出版社，2015年

大卫·休谟著，《人性论》，关文运译，商务印书馆，1980年

乔纳·莱勒著，《心理账户：人为什么不合理地使用金钱》，暂无中译本

阿兰琴子，《浪费的原因在于"心理账户"：怎样攒钱》（https://zuuonline.com/archives/132746），ZUU online，2016年12月18日

格尔德·吉仁泽著，《直觉：我们为什么无从推理，却能决策》，余莉译，北京联合出版公司，2016年

烦恼22：深夜感到孤独

叔本华著，《人生的智慧》，韦启昌译，上海人民出版社，2008年

叔本华著，《作为意志和表象的世界》，石冲白译，商务印书馆，1982年

尼采著，《尼采全集·别卷1：尼采书信集1》，塚越敏译，日本筑摩学艺文库，暂无中译本

博客"NAMs出版项目"，《尼采：笔记》，2012年1月17日

烦恼23：怕死

柏拉图著，《游叙弗伦 苏格拉底的申辩 克力同》，严群译，商务印书馆，1999年

柏拉图著，《斐多》，杨绛译注，生活·读书·新知三联书店，2011年

柏拉图著，《高尔吉亚篇》，李明译，外语教学与研究出版社，2011年

柏拉图著，施特劳斯疏，《普罗塔戈拉》，刘小枫译，华夏出版社，2019年

柏拉图著，《会饮篇》，王太庆译，商务印书馆，2013年

柏拉图著，《理想国》，郭斌和、张竹明译，商务印书馆，1986年

藤泽令夫著，《柏拉图的哲学》，日本岩波新书，暂无中译本

岩田靖夫著，《欧洲思想入门》，日本岩波 Junior 新书，暂无中译本

木田元著，《反哲学入门》，路秀丽译，中信出版社，2011年

第欧根尼著，《名哲言行录》，徐开来、溥林译，广西师范大学出版社，2010年

博文《知道酒桶吗？第欧根尼》（http://www.asyura2.com/07/lunchbreak9/msg/489.html），2008年1月12日

柄谷行人著，《米歇尔·福柯讲义集13：真理的勇气》，朝日新闻书评，2012年6月3日

伊壁鸠鲁著，《自然与快乐：伊壁鸠鲁的哲学》，包利民、刘玉鹏、王纬纬译，中国社会科学出版社，2004年

庄子著，《庄子》，安继民、高秀昌译注，中州古籍出版社，2008年

斯蒂芬·格林布拉特著，《大转向：看世界如何步入现代》，胡玉婷译，龙门书局，2013年

烦恼24：人生艰难

马丁·海德格尔著，《存在与时间》，陈嘉映、王庆节译，生活·读书·新知三联书店，2000年

竹田青嗣著，《海德格尔入门》，讲谈社选书 Metier

河合隼雄著，河合俊雄编，《荣格心理学入门："心理疗法"系列》，岩波现代文库，暂无中译本

河合隼雄著，《心的处方笺》，吴倩译，广西科学技术出版社，2013年

石川淳著，《普贤》《佳人》，讲谈社文艺文库，暂无中译本

TED演讲，《约翰·施拉姆：打破自杀生还者的沉默》，2011年3月

博客"英文翻译页面"，斯科特·安德森，《自杀冲动》（http://mui-therapy.org/newfinding/urge_end_all.html），《时代杂志》，2008年7月6日

TED演讲，《劳拉·卡斯滕森：老年人更快乐》，2011年9月

岩田靖夫著，《欧洲思想入门》，日本岩波 Junior 新书，暂无中译本

东浩纪著，《存在论的、邮政的雅克·德里达》，日本新潮社，暂无中译本

烦恼25：重病缠身

维特根斯坦著，《逻辑哲学论》，贺绍甲译，商务印书馆，1996年

维特根斯坦著，《维特根斯坦全集（第一卷）：逻辑哲学论以及其他》，陈启伟译，河

北教育出版社，2003年

野矢茂树著，《读维特根斯坦〈逻辑哲学论〉》，日本筑摩学艺文库，暂无中译本

鬼界彰夫著，《维特根斯坦如此思考：哲学思考的全部轨迹（1912—1951）》，日本讲谈社现代新书，暂无中译本

永井均著，《维特根斯坦入门》，日本筑摩新书，暂无中译本

奥古斯丁著，《忏悔录》，周士良译，商务印书馆，1963年

角川书店编，《写给古典初学者的〈源氏物语〉》，日本角川智慧文库，暂无中译本

网站"NAVER大汇总"，《世界尽头的风景：德里克·贾曼的庭院》，2014年4月20日

伯纳德·莱特纳著，《维特根斯坦的建筑（新版）》，暂无中译本

结语

夏目漱石著，《我是猫》，于雷译，译林出版社，2011年

夏目漱石著，《使者》，张正立译，上海译文出版社，2013年

达米安·弗拉纳根著，《日本人不知道的夏目漱石》，日本世界思想社，暂无中译本

杉田弘子著，《漱石的〈猫〉与尼采：被绝代哲学家震撼的近代日本知识分子》，日本白水社，暂无中译本

齐藤孝著，《点燃干劲的使命、激情、高压！》，日本文艺春秋，暂无中译本

佐佐木闲著，《NHK电视节目台本100分钟读懂名著：2015年4月〈佛陀的遗言〉》，日本NHK出版，暂无中译本

角川祐司著，《佛教思想的原点：何谓"开悟"》，日本新潮社，暂无中译本

角田泰隆编，石井清纯审，《禅与苹果：史蒂夫·乔布斯式活法》，日本宫带出版社，暂无中译本

铃木俊隆著，《禅者的初心》，梁永安译，海南出版社，2010年

铃木大拙著，《禅与日本文化》，钱爱琴、张志芳译，译林出版社，2014年

铃木大拙著，《日本式灵性》，日本岩波文库，暂无中译本

图书在版编目（CIP）数据

你的所有烦恼，哲学家早有答案 ／（日）小林昌平著；
王星星译. -- 杭州：浙江大学出版社，2020.11（2021.4重印）
ISBN 978-7-308-20308-1

Ⅰ.①你… Ⅱ.①小… ②王… Ⅲ.①哲学－通俗读物
Ⅳ.①B-49

中国版本图书馆CIP数据核字(2020)第106363号

SONO NAYAMI, TETSUGAKUSHA GA SUDENI KOTAE WO DASHITEIMASU
by Shohei Kobayashi
Copyright © 2018 by Shohei Kobayashi
All rights reserved.
Original Japanese edition published by Bunkyosha, Tokyo.

This Simplified Chinese language edition is published by arrangement with
Bunkyosha, Tokyo in care of Tuttle-Mori Agency, Inc., Tokyo though Pace Agency
Ltd., Jiang Su Province.

浙江省版权局著作权合同登记图字：11-2020-276号

你的所有烦恼，哲学家早有答案

［日］小林昌平　著　王星星　译

责任编辑	闻晓虹　罗人智	
责任校对	黄梦瑶　杨利军	
出版发行	浙江大学出版社	
	（杭州市天目山路148号　邮政编码310007）	
	（网址：http://www.zjupress.com）	
排　　版	西风文化工作室	
印　　刷	北京文昌阁彩色印刷有限责任公司	
开　　本	880mm×1230mm　1/32	
印　　张	8	
字　　数	166千	
版 印 次	2020年11月第1版　2021年4月第2次印刷	
书　　号	ISBN 978-7-308-20308-1	
定　　价	45.00元